혼자 있고 싶은데
외로운 건 싫어

The Science of Introverts
Copyright © 2017 by Peter Hollins
All rights reserved.

Korean language edition © 2025 by FORESTBOOKS
Korean translation rights arranged with PKCS Mind Inc. through TLL Literary Agency and EntersKorea Agency.

이 책의 한국어판 저작권은 ㈜엔터스코리아를 통한 저작권자와의 독점 계약으로 포레스트북스가 소유합니다. 저작권법에 의하여 한국 내에서 보호를 받는 저작물이므로 무단전재와 무단복제를 금합니다.

혼자 있고 싶은데
외로운 건 싫어

너무 쉽게 소모되는
내향인을 위한 심리 수업

피터 홀린스 지음 · 공민희 옮김

포레스트북스

개정판 서문

모든 마음은 옳다

2018년, 나의 책 『혼자 있고 싶은데 외로운 건 싫어The Science of Introverts』가 처음 한국에 소개된 일이 어제처럼 생생하면서도 한 세기 전 일처럼 멀게 느껴진다. 내향성의 내면세계를 탐구한 나의 경험이 한국의 독자들에게도 공감을 불러일으킬 수 있을지 불안하면서도 한편으로는 설렜던 기억이 난다.

출간 이후 수많은 한국 독자가 보내준 놀라울 정도로 열렬한 반응은 나를 진정으로 감동하게 했다. 이 책을 통해 자신의 성향을 인정하고 이해하게 되었으며 그럼으로써 조금 덜 외로워졌다고 말하는 한국 독자들의 후기를 듣는 일은 내 인생에서 가장 보람 있는 경험이었다. 당시 이 책에 공감하고 환호해준 독자들에게 다시 한번 감사를 표한다. 그들이 전해준 친절과 따스함은 내 마음속에 오래도록 기억될 것이다.

   시간을 빨리 감아 오늘날로 돌아와보자. 세상은 계속 돌아가고 있다. 내향성의 아름다움과 타당성에 대한 핵심 진리는 변하지 않지만, 우리를 둘러싼 상황은 지금 이 순간에도 변하고 있다. 사회는 끊임없이 진화한다. 이것이 내가 이 서문을 쓰고자 한 이유다. 이 책을 처음 집필하면서 말하고자 했던 근본적인 메시지를 바꾸려는 것이 아니다. 그저 지난 몇 년 동안 얻은 새로운 통찰을 덧붙이려 한다. 마치 오래된 가구를 닦아 지금의 내 몸에 더 완벽하게 들어맞도록 만들고, 오늘날에도 여전히 적절하게 사용할 수 있도록 하는 것처럼.
   첫 책을 냈던 당시에도, 그리고 오늘날에도 여전히 변

하지 않고 강조하고자 하는 메시지는 이것이다. 바로 내향적인 성격을 가졌다는 사실은 전혀 잘못된 일이 아니라는 것. 가장 큰 목소리를 내고 가장 빽빽하게 소셜 캘린더를 채우고 오프라인은 물론 온라인상에서도 끊임없이 깨어 있어야만 보상받고 인정받을 수 있는 것처럼 보이는 이 세상에서, 조용함 속에서 번창하고 고독 속에서 재충전하며 광범위한 사교 활동보다 깊은 유대감을 선호하는 사람들은 어쩔 수 없이 무언가 부족하다고 평가받기 쉽다. 물론 예전보다는 내향인에 대한 이해가 깊어졌지만, 여전히 우리는 더 외향적이어야 하고 더 활기차야 한다는 압박을 느낀다. 혼자만의 시간이 필요할 뿐인데 사과해야 하는 상황에 놓이거나, 북적거리는 모임에 함께하자는 연인이나 친구에게 그냥 집에서 조용히 저녁을 즐기자고 설득하면서 죄책감이 들 수도 있다.

  이 책은 그 모든 압박에 맞서기 위한 진심 어린 시도이자, 내향적인 사람의 존재 방식을 찬양하는 책이다. 우리의 뇌가 어떻게 연결되어 있는지, 외부의 자극을 어떤 식으로 다르게 처리하는지, 왜 에너지를 채우는 방식이 다른지를 알아본다. 우리를 제한하거나 낙인찍는 것들에서 벗어나 우리에 대한 이해를 강화하기 위한 '과학적 사실'을 탐구한다. 왜 너무 많은 사교 활동 후에 피로감을 느끼는지, 왜 한 가지 주제에 깊이 빠져드는 것을 선호하는지 깨닫는 일은 그저 지식을 쌓는 것을 넘어 해방 그 자체다. 이 앎은 내향적인 여러분이 본성을 거스르지 않고 본성과 함께 살아갈 수 있도록 해준다.

내 목표는 여전히 내향적인 사람들이 자신감을 얻고 평온함을 찾도록 돕는 것이다. 외향적인 사람이 되려고 노력하는 것이 아니라, 자기가 진정 누구인지 받아들임으로써 말이다. 개정판을 읽는 여러분께 중요한 진실을 더욱 강조하고자 한다. 여러분은 내향적인 사람으로서 행복할 권리가 있다. 진정으로 그럴 권리가 있다.

여러분은 자신의 에너지를 지키고, 자신만의 기준으로 행복한 삶을 설계할 권리가 있다. 소모되지 않고 오히려 힘을 북돋고 지지해주는 사회적 상호작용을 선택할 권리가 있다. 깊은 사고, 뛰어난 공감 능력, 창의성, 집중력처럼 조용하지만 힘이 센 장점을 계발하고, 그것이 진정한 '초능력'임을 인식할 권리가 있다. 행복은 외향적인 사람들에게만 주어지는 것이 아니라, 모든 사람이 누릴 수 있는 것이다. 행복의 모양은 사람마다 다르다. 내향적인 사람들의 행복은 평온함, 의미 있는 활동, 그리고 진정한 연결 사이에서 꽃을 피운다.

나는 앞으로도 외향적인 성향에 편향된 세상에서도 내향인으로서 자유로울 수 있는 실용적인 방법을 계속 탐구할 것이다. 내향인에게 알맞은 에너지 관리법, 예의 바르지만 단호하게 건전한 경계를 설정하는 법, 자신의 기질에 맞는 만족스러운 일과 관계를 찾는 법, 그리고 내면에 있는 조용한 힘을 인식하는 법을 알리고자 한다.

이전에 이 책을 읽은 적이 있든 개정판으로 처음 접하든, 모든 독자가 마치 집에 돌아온 듯한 느낌을 받았으면 좋겠다는 것이 나의 가장 큰 희망이다. 이 책의 문장들이 진정으로 여러분을 이해하는 사람과 따뜻한 대화를 나누는 듯한 느낌을 선사하기를 바란다. 세상과 동떨어진 듯한 기분이 드는 날, 여러분의 존재 방식이 단지 괜찮은 것을 넘어 가치 있고 필요한 것임을 상기하게 하는 책이 되어주기를 바란다.

이 심리 수업에 마음을 열고 참여하는 여러분께 거듭 감사를 표한다. 나와 함께하는 마음 공부가 여러분의 내향적인 성격을 새로운 자신감으로 받아들이고, 평온하고 만족스럽고 행복한 삶을 위한 자신만의 독특한 길을 찾는 데 도움이 되기를 바란다.

언제나 평온하고 고요한 기쁨이 함께하기를 소망한다.

피터 홀린스

*The Science of
Introverts*

시작하며

마음을 바라보는
조금 더 입체적인 시선

친구 제임스가 어린 시절 이야기를 들려주었는데, 몹시 인상적인 에피소드여서 소개하고자 한다. 초등학교 5학년 때, 학교 학생회에 참석할 반 대표를 뽑는 날이었다고 한다. 아마도 초등학교 학생회는 한 달에 한두 번 피자 파티 여는 문제를 결정하는 등 아주 중요한 안건을 다루는 것 같다. 담임선생님이 반 대표를 어떻게 선출해야 할지 예를 들어 설명해주었다고 하는데, 그 얘길 듣자니 아동 교육에 썩 적합한 분은 아닌 것처럼 보였다.

선생님은 학생 세 명을 지목해 앞으로 나오라고 했고,

내 친구 제임스가 그중 한 명이었다. 제임스는 귀에 딱지가 앉을 정도로 말을 많이 하는 아이였는데, 선생님은 그를 오른쪽에 서게 하고 반에서 가장 조용한 아이를 왼쪽에 서게 했다. 가운데에는 말이 너무 많지도, 너무 조용하지도 않은 아이가 섰다. 이야기가 어떻게 전개될지 당신도 대충 짐작이 갈 거다. 선생님은 내 친구의 어깨에 손을 올리고 반 아이들에게 이렇게 설명했다.

"여러분, 제임스를 우리 반 대표로 뽑을 수는 없어요. 말을 너무 많이 하니까. 학생회에 참여하려면 발언 시간을 혼자 다 써버리면 안 되고, 다른 사람의 말도 들을 줄 알아야 합니다."

말이 끝난 뒤 선생님은 제임스에게 앉으라고 했다. 세상에. 그러고는 반에서 제일 조용한 아이에게로 다가가 마찬가지로 어깨에 손을 올리고 이렇게 말했다.

"케네스를 학생회에 보내는 것도 안 됩니다. 너무 조용해서 회의에 참석했는지도 모를 테니까요. 반 대표는 말 그대로 반 학우들을 대표하는 사람이니 아무것도 하지 않고 가만히 있을 거라면 할 필요가 없죠!"

그렇게 선생님은 케네스에게도 앉으라고 말했다. 상황이 점점 잔인해졌다. 그렇다면 가운데 서 있던 아이에게는 뭐라고 했을까? 선생님은 그 아이의 어깨에 손을 올리고 말했다.

"줄리아가 바로 학생회에 보내야 할 적임자입니다. 말수가 너무 적지도 않고 너무 많지도 않으니까요. 우리 사회에서는 남의 말도 듣고 자신의 말도 할 줄 알아야 합니다. 줄리아는 그 두 가지를 모두 할 수 있죠."

이 상황은 우선 반 대표를 '자치적으로' 선출하는 방법을 선생님이 '강제로' 알려줬다는 점에서 참 아이러니하다. 무엇보다도 학생 대표의 자질에 관한 교훈을 알려주기에 좋은 방법이 아니었다. 자신의 의견을 관철하고자 특정 학생을 꼭 집어서 말하지 않았는가.

그러나 제임스가 뼈대만 대충 들려준 이 선생님의 이야기는 내향적인 사람, 외향적인 사람, 그리고 그 중간인 양향적인 사람에 대해 알려줬다는 점에서는 교육적인 면이 있기는 하다. 사람의 성격은 매우 다양하고 입체적이지만, 많은 사람이 사회성의 정도 차이로 성격을 구분하기 때문이다.

바로 그 기준에 따라 사람은 내향적, 외향적, 양향적으로 나뉜다. 당신은 어디에 속하는가? 그것이 인생에서 어떤 의미를 지니는가? 그리고 이 세 가지 중 어느 것이 성공하거나 행복해지는 데 더 유리할까?

심리학자인 카를 융 Carl Jung은 사람의 성격 유형을 세분화하고자 이런 분류 방식을 창안했다. 사람을 분류하고 그들의 특성을 식별하면, 장점을 부각하고 약점을 보완할 수 있다고 여겼다. 말은 그럴싸하지만, 실제로도 그럴까? 모르긴 몰라도, 이 단순한 분류 탓에 누군가에 대한 인식이 크게 달라졌던 경험이 다들 몇 번은 있을 것이다.

우리가 사는 세상을 파티장이라고 가정해보자. 내향적인 사람들은 벽에 기대어 가만히 서 있고, 외향적인 사람들은 무대 중앙을 거침없이 돌아다니는 모습이 연상될 것이다. 하지만 인생은 그렇게 단순하지 않으며 흑백논리로 구분 지을 수 없다. 스스로 어떤 유형에 속한다고 생각하거나 그런 유형으로 여겨져 왔다고 해도 개의치 말자. 우리는 자신이 가진 고유한 기질이 지닌 특성을 더 깊게 이해해야 한다.

  이 책은 인간의 정체성과 성격에 초점을 두고 있다. 당신이 누구인지를 알려주는 데서 그치지 않고, 당신의 존재를 더 발전시켜주는 안내자 역할을 할 것이다. 수십 년간 이루어진 인간 유형에 관한 심리 연구 자료를 토대로 인간은 저마다 물리적·생물학적 차이를 분명히 가지고 있으며, 그 차이가 선천적이냐 후천적이냐에 관한 논쟁을 다룰 것이다. 이 여정을 통해 당신은 자신이 어떤 사람으로 분류되는지가 아니라 자신의 성격과 정체성을 더 자세히 이해하고, 더 행복해지는 법을 알게 될 것이다.

차례

개정판 서문 모든 마음은 옳다 ····· 004
시작하며 마음을 바라보는 조금 더 입체적인 시선 ····· 012

제1장
내향성 : 관계가 힘들 뿐 사람이 싫은 건 아니다 ····· 021

제2장
외향성 : 친하게 지내지만 연락처는 몰라도 그만 ····· 045

제3장
양향성 : 혼자는 외롭고 여럿은 피곤해 ····· 061

제4장
이게 다 뇌 때문이다 ····· 077

제5장
다른 성향끼리의 연애 그리고 섹스 ········· 113

제6장
너를 행복하게 하는 것들이
나에게는 어울리지 않을 때 ········· 133

제7장
성향은 능력이 될 수 있을까 ········· 151

제8장
나를 지키면서 세상으로 나아가는 법 ········· 167

제9장
혼자 있어도 외롭지 않고
함께해도 상처받지 않으려면 ········· 183

마치며 우리는 모두 유일하다 ········· 198

제1장

내향성 : 관계가 힘들 뿐
사람이 싫은 건 아니다

Introverts Uncovered

난 항상 내성적인 사람으로 불렸다. 고백하는 게 아니다. 내 어린 시절부터 성인인 지금에 이르기까지 줄곧 그래 왔다는 사실을 말하는 것이다. 학교 수업을 마치면 놀이터로 달려가 아이들과 노는 대신 곧장 집으로 돌아왔다. 주말에는 방에 틀어박혀 기타를 치거나 혼자 텔레비전을 봤다. 어울려 놀 친구가 없어서 그런 것이 아니다. 타인에게 둘러싸여 긴 하루를 보내고 난 뒤 오롯이 혼자만의 시간을 즐기는 것을 더 좋아했을 뿐이다. 이런 까닭에 날 설명하는 말로 내성적이라는 소리를 수백 번도 넘게

들었다.

내가 속한 서구 사회는 외향적인 특성을 이상적으로 여기고 사회적인 활동에 더 많은 시간을 투자하는 사람을 그렇지 않은 사람보다 더 가치 있게 본다. 그래서 많은 이들이 내향적인 성향을 탐탁지 않게 생각한다. 나에게 '성격을 바꿔야 한다'고 말하는 사람도 많았다. 그러나 나는 항상 의문스러웠다. 옳고 그른 성격이 따로 있는 걸까? 그냥 혼자 있고 싶을 뿐인데, 왜 항상 애쓰며 살아야 할까?

여기서 한 가지 묻고 싶은 것이 있다. 내향적이라는 건 정확히 무슨 뜻일까? 대답하기에 앞서 이 주제에 관한 기본 정보부터 살펴보자.

내향성introversion은 여러 심리학 이론에서 연구하는 주요 성격 특성 중 하나다. 심리학자인 카를 융이 1920년대에 『심리 유형Psychological Types』을 출간하면서 외향성extroversion이라는 말과 더불어 내향성이라는 단어를 처음 소개했다. 현재는 당시보다 내향적-외향적 성격을 구분하는 일이 더 중요해지고 의미도 커졌다.

융에 따르면 내향성은 내적 실재를 가장 중요하게 생각하는 개인의 심리 유형이다. 이 말은 곧 내향적인 사람은 속으로 집중하는 성향이 더 크기에 에너지를 안으로 집약하고자 외부 세계에서 물러선다는 뜻이다. 반대로 외향성은 사람을 한층 사교적으로 만들고 외부적인 요인(사람, 상황, 환경)에 더 많이 자극받게 한다. 이 두 성격 유형의 차이는 개인이 자신의 에너지를 어떻게 분배하느냐에 달렸다. 외향적인 사람은 사회생활을 통해 활력을 얻지만, 내향적인 사람은 이런 활동에 에너지를 빼앗기기 때문에 최대한 피하려고 한다. 이 점이 나를 가장 잘 설명해주는 부분이기도 하다. 내향적인 사람은 외부 환경에서 에너지를 얻어 고무되기보다는 내적 사색과 감정에 한층 집중하는 경향이 있다. 그런 성향을 가진 사람은 일반적으로 혼자 있는 것을 좋아하고 외부 세계의 요구에 방어적인 태도를 취한다. 사색적이며 조심성이 많아 고양이와 비슷하다. 고양이는 가끔 놀고 싶어 하지만, 대개는 침대 밑 은신처에서 불러내기가 쉽지 않다.

그렇다면 내향적인 성향인지 아닌지를 어떻게 판단할

수 있을까? 내향적인 사람을 특징짓는 몇 가지 자질이 있다. 우선 내향적인 사람은 혼자 있는 것을 꺼리기보다 오히려 더 좋아한다. 물론 사람이 싫어서 그런 것은 아니다. 사회생활에 쉽게 지치기 때문인데, 그저 다른 사람과 이야기를 나누거나 공공장소에 있는 것만으로도 그렇게 된다. 홀로 시간을 보내는 데서 편안함을 느끼며, 이를 시끄러운 바깥세상에서 벗어났다고 여긴다.

내향성과 외향성을 가상의 사회적 배터리에 비유해보면 좀 더 이해하기 쉽다. 내향적인 사람은 많은 소통을 해야 하는 상황에서 배터리가 빨리 닳는다. 그들의 사회적 배터리는 외부 세계와 단절된 채 자신만의 공간에서 충분한 시간을 보낼 때 충전된다. 예를 들어, 사교 모임에서 밤새 시간을 보낸 내향적인 사람은 다음 날 사람들로부터 떨어져 혼자 있으려고 한다. 그렇게 많은 소통을 감당할 수 없기에 고독이 주는 편안함으로 돌아가고 싶어 하는 것이다. 또 다른 사회활동을 하려면 에너지를 충전하고 준비하는 시간이 필요하기 때문인데, 그 시간은 얼마나 내향적이냐에 따라 몇 시간이면 되기도 하고 며

칠이 걸리기도 한다. 이 사람은 책을 읽거나 혼자 영화를 보거나 게임을 하면서 즐거움을 얻는다.

외향적인 사람의 사회적 배터리는 그 반대라는 것을 예상할 수 있을 것이다. 다른 사람들과 함께 있을 때 충전되고 혼자 있을 때 서서히 닳는다. 내향적인 사람이 은신처에 숨은 고양이라면, 외향적인 사람은 항상 사람이 쓰다듬어주길 바라는 강아지와 같다. 또한 내향적인 사람은 수다를 떠는 게 시간과 에너지를 낭비하는 행위라고 여긴다. 다른 어떤 활동보다 사회적 배터리를 빨리 닳게 하면서도 얻는 건 전혀 없기 때문이다. 그래서 내향적인 사람은 한층 깊이 있고 의미 있는 대화를 나누길 좋아한다. 자신이 지닌 귀중한 사회적 에너지를 써야 한다면 무언가 중요하거나 사적인 것에 투자해야 마땅하다고 생각한다. 세상에 공짜는 없고, 에너지는 한정된 자원이니까.

내향적인 사람은 파티, 가족 모임, 친구들과의 외출에 대한 생각 자체는 좋아한다. 그러나 이런 활동에 참여하는 건 정말 귀찮아한다. 때때로 참석하겠다는 의사를 밝

히기까지 아주 많은 확신을 필요로 한다. 따뜻한 욕조에 몸이나 담그고 있으면 좋겠다고 생각하는 사람이 사회 활동에 필요한 에너지를 끌어모으기란 쉽지 않기 때문이다. 외출을 생각하면 신나고 들뜨지만 실제로 약속에 나가는 것은 대개 진이 빠지는 일이다. 내향적인 사람이 생각하는 이상적인 주말 저녁이란, 집에서 큰 팝콘 봉지를 옆구리에 끼고 앉아 밀린 영화를 몰아 보는 것이다.

내향적인 여성은 우르르 클럽에 몰려가는 것보다 친구 몇몇과 집에서 조촐하게 저녁을 해 먹는 것을 더 좋아한다. 내향적인 남성은 왁자지껄한 포커판을 벌이기보다는 퇴근하고 집에 와서 혼자 맥주를 마시며 야구 중계를 보는 것을 좋아한다. 반사회적인 사람 또는 접근하기 어려운 사람과 소통해봤다면 알겠지만, 그들과는 분명히 다르다. 내향적인 사람은 사람을 싫어하는 것이 아니라 그저 사회적 배터리가 방전된 상태라서 그러는 것뿐이다. 내향적인 사람에게 이상적인 파티란 끝나는 시간이 정해져 있고 사람들이 각자 무언가에 조용히 몰두하는 파티다. 독서 모임이 좋은 예다. 어떤 프로그램이 진행되고 언제 끝나는지 알면, 스스로 사회적 배터리의 완급을 조절할 수 있기에 더 편하게 느낀다.

외향적인 사람에게 내향적인 사람은 복잡해 보일 수 있다. 외향적인 사람은 누군가를 좋아하면 그 사람을 만나 함께 시간을 보내는 게 당연하다고 여기기 때문이다. 만약 당신이 외향적인 사람이고 내향적인 사람을 친구로 두었다면, 그의 성격적 특성을 파악하는 것이 중요하다. 다시 말해 만나자고 했을 때 거절을 당하더라도 그게 당신을 싫어해서가 아니라는 점을 이해해야 한다. 사람들은 내향적인 사람을 다음과 같은 시선으로 본다. '사색적이고, 행동에 앞서 모든 것을 생각한다. 부끄러움이 많고 의심하는 버릇이 살짝 있다. 새로운 곳에 적응하는 데 때때로 어려움을 겪는다.' 그러나 이 정도만으로는 내향적인 사람을 표현하기엔 부족하다. 이제부터 내향적인 사람들의 몇 가지 특징을 알아보겠다.

비판적인 성향

한눈에 보기에 누가 더 비판적일까? 내향적인 사람일까, 아니면 외향적인 사람일까? 스스로에게 솔직하다면 내향적인 사람이 더 비판적이라는 점을 인정할 것이다. 내향적인 사람은 속으로 집중하고, 분석적이고, 말수가 적다. 게다가 사회적 배터리가 빨리 닳기에 대인관계 문제에서 쉽게 지치고, 그렇게까지 하면서 관계를 유지하고 싶어 하지 않는다.

2016년 미국 미시간대학 언어학 연구팀이 이 이론을 실험하여 내향적인 사람이 타인을 더 쉽게 비판한다는 사실을 확인시켜줬다. 연구팀은 실험 참가자들에게 이메일을 보낸 후 메일 내용의 맞춤법과 문법 실수에 어떻게 반응하는지 살폈다. 일부 이메일은 실수가 전혀 없게 하고, 일부 이메일에는 실수를 집어넣었다. 참가자들이 이메일 작성자를 평가하되 '작성자가 친절한가', '작성자가 꼼꼼하고 믿을 만한 사람인가'와 같은 질문에 대답하는 형식을 취했다.

그에 앞서 참가자들은 다섯 가지 핵심 성격 유형에 관

한 질문지에 답했다. 경험에 대한 개방성, 성실성, 외향성, 수용성, 신경증(불안이나 걱정이 많은 성향)이 그것이다. 이 응답을 통해 연구진은 참가자들을 외향성과 내향성으로 분류했다. 내향적인 사람은 전반적으로 작성자를 박하게 평가했다. 특히 실수가 있는 이메일에 대해서는 작성자가 친절하지 않고, 꼼꼼하지 못하며, 믿을 만하지 않다고 응답했다. 반면, 외향적인 사람은 이메일에 실수가 있든 없든 비슷하게 평가했다. 내향적인 사람의 평가와 큰 차이를 보였다.

여기서 얻을 수 있는 한 가지 결론은 내향적인 사람이 정말로 더 비판적이라는 점이다. 내향적인 사람은 단순한 문법적 실수만 보지 않고 그것을 재빨리 그 사람에 대한 판단으로 굳혔다. 맞춤법을 틀리는 데에는 여러 이유가 있을 텐데, 내향적인 사람은 그런 점은 염두에 두지 않고 곧바로 글을 쓴 사람이 신뢰할 만하지 않고 친절하지 못하다고 결론지었다.

이 연구 결과를 제쳐놓고도, 내향적인 사람이 실제로 더 비판적일까? 내향적인 사람은 비판의 기준이 되는 모든 것에 집착한다. 분석하고 스스로 생각하고 살피고 고심한 뒤에 행동한다. 다시 말해 내향적인 사람은 자신이 꽤 지적이며 충분히 검토하고 결정을 내린다고 믿기에 그렇게 하지 않는 사람에게 비판적이 되는 것이다.

그러나 이론적으로 이것은 결함이 아니며, 행동하기 전에 생각하지 않는 쪽이 오히려 정신적인 결점이다. 외향적인 사람은 환경과 사회적 상황에 초점을 더 많이 두기에 비교적 덜 비판적인 것이다. 좀 과하다고 생각할 수는 있겠지만, 이 결과가 의외라고 생각하는 사람은 거의 없을 것이다.

카페인 중독

얼마나 많은 사람이 스스로를 카페인이 없으면 눈을 뜨기 힘들 정도로 중독이라고 여길까? 정신을 차리고 더 나은 성과를 내기 위해서 중독된 것이 아니라면, 그저 볶은 원두의 향이 좋아서 중독된 것일 수도 있다. 스스로를 내향적이고 카페인 중독자라고 분류한다면 아침에 잠을 깨는 방법을 다시 생각해볼 필요가 있다. 최근 이론에 따르면 카페인이 실제로는 내향적인 사람의 성과에 해를 끼치며, 사회적 배터리가 완전히 방전되어 피로감을 느끼는 것과 같은 부담을 줄 수 있다고 말한다. 이는 완전히 틀린 말은 아니다.

내향적인 사람의 흥분 강도가 더 세다는 사실을 떠올려보자. 이 말은 내향적인 사람이 더 쉽게 자극을 받고, 사회적 소통을 용인하는 정도가 더 낮다는 것을 의미한다. 내향적인 사람이 커피를 마시는 행위는 마치 커다란 보청기를 끼고 걸어 다니면서 세상의 볼륨이 조금만 더 낮아졌으면 좋겠다고 생각하는 것과 같다는 결론을 내릴 수 있다.

이 이론은 내향적인 사람에게는 카페인이 오히려 일상에서 피하고 싶어 하는 소란스러움을 일으키는 요인이라고 알려준다. 내향적인 사람의 일반적인 감각 수준은 이미 상당히 높고 한계에 가깝다. 커피를 전혀 마시지 않은 상태에서도 이미 두 잔을 마신 것과 같은 효과를 경험하고 있다는 것이다. 이론적으로 카페인은 그들의 정신을 깨우는 것이 아니라 극한까지 밀어내 위축되고 지치게 한다.

내향적인 사람이 카페인을 섭취하는 것은 한 시간 동안 다른 사람과 대화를 하는 것과 같다. 안 좋은 쪽으로 민감해져서 혼자 있고 싶어지거나 피로가 쌓이고 능률이 저하된다. 어떤 식으로든 내향적인 사람을 자극하는 셈이다. 내향적인 사람에게 카페인과 그 밖의 자극제가 해롭다면, 역으로 진정제는 즐거움을 높여주리라고 예측할 수 있다. 아무튼 이 이론은 적어도 내향적인 당신이 커피를 사는 데 돈을 덜 쓰게 해준다는 점에서 유용하다.

내향성의 네 가지 유형

성격심리학자 조너선 칙 Jonathan Cheek 은 내향적인 사람을 네 가지 하위분류로 나누었다. 이 자료는 내향적인 사람들로 하여금 스스로를 좀 더 깊게 파악해 아무도 이해하지 못하는 외계인이 된 것 같은 기분을 조금이나마 덜어준다. 그 네 가지 하위분류는 사회형 내향성 social introvert,

사색형 내향성thinking introvert, 불안형 내향성anxious introvert, 제약형 내향성rest-rained introvert이다.

사회형 내향성은 사회성이 있긴 하지만 내향적인 방식으로 발달한 경우다. 사람을 만나는 것을 좋아하지만 그 방식과 정도가 제한적이다. 파티에 가는 것보다 한두 사람과 어울리는 것을 더 좋아한다. 또한 혼자 있는 시간을 즐기지만 낯을 많이 가리거나 불안해서가 아니라 사람과의 소통 정도가 제한적이기 때문이다.

사색형 내향성은 정말로 내적 사색에 집중하는 유형이다. 회고적, 분석적, 사색적이어서 다른 사람과의 소통이 전혀 필요하지 않다. 그렇다고 반사회적 성향이거나 불안해하는 유형은 아니다. 그냥 자신만의 세계에서 상상의 나래를 펴고 창의력을 펼치는 것을 좋아할 뿐이다. 사람과 소통이 적은 것은 머릿속으로 구상하는 것을 더 즐기기 때문이다.

불안형 내향성은 악평이 자자하다. 사람들은 내향적인 사람이 전부 이 유형이라고 생각하는 경향이 있는데, 낯을 가리고 어색해하며, 자신만을 의식하고 집착하며,

자존감이 낮다는 것이다. 이는 오해다. 한번 불안해지면 성과가 떨어지고 그래서 더 불안해지는 주기가 이어지기에 그럴 수 있다. 이 유형이 사람과 소통하지 않는 것은 마음이 불안하고 소통하는 자리가 편하지 않기 때문이다.

제약형 내향성은 사회생활을 그다지 피하지 않는다. 그냥 좀 느린 속도로 움직일 뿐이다. 그래서 엄청나게 큰 파티나 콘서트를 즐기지 않는다. 느리게 사는 대신 움직이기 전에 미리 생각한다. 사람과 소통하지 않는 이유는 새로운 경험에 자신을 노출하기보다는 느긋하게 즐기고자 하는 마음이 커서다. 당신은 이 중에서 어디에 속한다고 생각하는가?

은밀한 나르시시스트

내향적인 사람을 말수가 적지만 매우 지적이라고 표현하는 이들도 있다. 그게 사실일 수도 있지만, 사람과 어울리는 것을 좋아하지 않는다는 점만으로 그 사람을 더 높게 평가하는 잘못된 관념이 생길 수도 있다. 사람과 만나면 빨리 지치지만 여전히 그런 만남이 좋다면 내향적이어도 괜찮다. 그러나 많은 사람이 스스로를 내향적이라고 칭하면서 그 특성을 타인보다 우월한 것이라고 여긴다. 쉽게 말해 자신의 내향성을 사회적으로 용인되는 수준으로 보이게 하면서 속으로는 우월감을 느끼는 은밀한 나르시시스트narcissist의 가면으로 활용한다는 얘기다.

나르시시스트와 내향적인 사람은 얼핏 보기에 비슷한 것 같지만 다른 경로를 걷는다. 두 성격 유형 모두 내적으로 집중하고 분석적인 경향이 강하다. 그러나 나르시시스트는 자신의 머릿속에서 일어나는 일이 특별하고 독특하다고 믿기에 속으로 집중하는 반면, 내향적인 사람은 단순히 그렇게 태어났기에 속으로 집중하는 것이다.

스스로를 내향적이라고 지칭하면서 분석적이고 자아성찰을 중요하게 생각하는 자신에 비해 다른 사람을 낮게 보는 사람이 주위에 한두 명은 있을 것이다. 이런 은밀한 나르시시스트의 특성 몇 가지를 살펴보자.

나르시시스트는 타인을 쉽게 비난하고 무시하는 경향

이 있다. 자신을 아주 높이 취급하고 타인보다 기준이 높다고 보기 때문이다. 자신이 남들보다 더 똑똑하고 잘났거나 통찰력이 뛰어나다고 믿기에 그 기준으로 다른 사람에게 과도한 혹평을 한다. 다시 말하면 우월 콤플렉스를 지녔다고 볼 수 있다. 또 자신과 관련된 것이 아니면 전혀 관심이 없는 사람도 있다.

어떤 사람이 스스로 내향적이라고 하는데, 알고 보니 그저 자기밖에 모르는 사람일 뿐이라는 것을 깨닫게 되는 경우가 종종 있다. 그런 사람은 대인관계 때문에 지친다고 말하지만 사실은 스포트라이트가 다른 사람에게 가기에 소통에 흥미가 없는 것이다. 자신이 늘 주목받아야 하고 다른 사람은 그럴 가치가 없거나 태생적으로 가치가 떨어진다고 본다.

마지막으로 이런 은밀한 나르시시스트는 전형적으로 자신을 학자로 분류한다. 나르시시스트는 자신이 내적으로 집중하는 이유가 아주 창의적이기 때문이라고 믿는다. 타인에 비해 사고 수준이 우월해서 피상적인 대인관계에 태생적으로 혐오감을 느낀다고 믿는다. 스스로 너무 특별해서 아무도 자신의 진정한 가치를 이해하지 못한다고 여긴다. 타인에 비해 특별하다는 소리다. 이런 믿음이 그들을 내향적인 특성에 집착하게 하지만, 실상은 나르시시즘을 숨기는 도구에 지나지 않는다.

이처럼 내향적이라는 특성이 좋은 쪽으로도 나쁜 쪽으로도 사용될 수 있다는 점은 파악했으리라고 본다. 즉, 사람의 이면에 숨은 동기를 감추는 용도로 쓰일 수도 있고, 해가 되는 자기 만족적 예언을 만들어낼 수도 있으며, 반대로 진정한 본성을 제대로 이해하는 데 도움이 될 수도 있다.

내향적인 사람에 대한 오해

내향성은 흔히 생각하는 것처럼 명백히 드러나지 않는다. 심지어 자신이 내향적이라는 사실을 깨닫지 못하는 사람도 있다. 많은 사람이 모이는 장소를 싫어하고, 그런 곳에서 일찍 자리를 뜨는 경향이 있다는 것을 누군가 지적해줄 때까지 말이다. 내향적인 사람은 인구의 상당수를 차지하고 날마다 그 수가 갈수록 증가하고 있지만, 이 성격 유형에 관해 여전히 많은 오해가 있다.

내향적인 사람은 으레 부끄러움이 많고 불안해하는 유형으로 분류된다. 또한 무례하거나 다가가기 힘든 사람으로 비치기도 한다. 실제로 내향적인 사람 다수가 이런 특성을 지니고 있기에 오해할 만하다는 생각도 든다. 그러나 모든 내향적인 사람이 불안해하고 반사회적인 특성을 지녔다는 것은 사실이 아니다. 전부가 소심하거나 조용한 것도 아니다. 내향성이 부끄럼과 불안감을 동반할 수 있지만, 그것으로 내향성을 정의할 수는 없다. 내향적인 사람 중에는 사회활동을 열심히 하는 이들도 있는데, 그 상태에서는 외향적인 사람과 구별하기 어렵다. 그 활동이 끝난 뒤 얼마나 피로감을 느끼느냐에 따라 분류할 수 있다. 누군가 부끄러움이 많고 다가가기 어려워 보인다고 할 때, 그 사람은 내향적이라기보다 그저 사회활동에 능숙하지 못한 것일 수도 있다.

한 개인의 활동 자체만을 놓고 그 사람을 내향적이다, 아니다로 정확하게 판단하기는 어렵다. 예를 들어 파티

광이라 해서 꼭 외향적이라고 말할 수는 없다. 대부분의 시간을 혼자 보낸다고 해서 내향적이라고 볼 수도 없다. 이런 논리에 비춰 보자면, 자주 파티를 하는 사람일지라도 그저 자신의 영역에서 벗어난 내향적인 사람일 수 있다. 항상 혼자 있는 사람도 꼭 내향적인 성향은 아니다. 밖에 나가서 에너지를 발산하고 싶지만 어쩌지 못하는 상황 탓에 원하는 대로 행동할 수 없는 것일 수도 있다. 특정 활동 자체가 개인의 성격 유형을 결정하지는 않는다.

일에 열정적인 사람도 마찬가지다. 업무상 그렇게 할 수밖에 없지만, 실제로는 육체적·정신적·감정적으로 지친 상태일 수도 있다. 사람은 상황에 적응하는 동물이고 인생은 피치 못할 상황의 연속이다. 그 탓에 내향적인 사람이 오랫동안 외향적인 이미지를 가지게 되는 경우가 많이 발생한다. 친구들은 모두 좋아하는데 자신만 바에 가서 술을 마시길 싫어한다고 해서 스스로가 이상하다거나 무언가 잘못됐다고 생각할 필요는 없다. 그건 잘못된 것이 아니라 단순히 다른 성향을 지녔기 때문이다.

내향적인 사람은 사람들로부터 많은 면에서 이해를

구해야 하고, 특히 외향적인 사람들의 이해가 필요하다. 그렇지만 모두가 내향적인 사람을 어떻게 대해야 하는지 아는 것은 아니다. 당신이 내향성이든 외향성이든, 내향적인 사람을 만날 때는 다음과 같은 사항을 염두에 두자.

- 내향적인 사람에게는 혼자만의 시간이 필요하다는 점을 존중하자. 만나자고 했을 때 거절을 당하더라도 섭섭하게 받아들이지 말자.
- 내향적인 사람은 새로운 환경에 불편함을 느끼기 쉬우므로 적응할 시간을 주자.
- 내향적이라 그런 것일 뿐 무관심하다거나 악의가 있는 건 아니니 오해하지 말자.

우리는 일상에서 늘 내향적인 사람을 만나기에 그들과 한층 조화로운 관계를 형성하는 법을 배워야 한다. 스스로가 내향적이라고 생각하는 사람 역시, 우선 자신을 더 잘 이해하는 것이 다른 사람과 관계를 맺고 공존하는 데 도움이 될 것이다. 사람은 각기 다르다는 점을 인식하면 균형을 이루는 데 도움이 되고, 일반적으로 사회에서 받는 불편한 기대에서 벗어날 수 있다.

  내향적인 성격이 나쁜 것은 아니다. 우리 모두에겐 각자의 방식이 있다. 느끼는 부분이 자신과 다르다고 해서 상대를 부정적으로 판단하는 것은 옳지 않은 일이다. 그 유명한 공산당선언의 표현을 빌리자면, 이렇게 말할 수 있다. "만국의 내향적인 사람들이여, 단결하라(물론 각자의 사회적 배터리가 허락하는 만큼)!"

제2장

외향성 : 친하게 지내지만
연락처는 몰라도 그만

Extrovert
Uncovered

피곤할 땐 어떻게 하고 싶은가? 친구들과 시간을 보내길 원하는가, 아니면 방에 혼자 틀어박히고 싶은가?

이 질문은 성격의 본질을 파악하는 요소 중 하나로 쓰인다. 자신의 대답을 잘 이해해야 사회생활에도 무리가 없다. 앞서 말했듯이, 내향적인 사람은 다른 사람과 시간을 보낼 때 사회적 배터리가 소모되고 외향적인 사람은 다른 사람과 함께 있어야 배터리가 충전된다.

실제로 외향성과 내향성은 하나의 연속선상에 존재한다. 스펙트럼의 양극단에 자리하는 사람도 있지만, 두 성향을 모두 가진 사람도 존재한다. 앞서 우리는 내향적인 사람이 어떻게 에너지를 얻으며, 어떻게 행동하는지 살펴봤다. 그렇다면 외향적인 사람은 어떨까?

외향성이 특히 두드러지는 사람은 혼자 있지 못하고 늘 다른 사람과 함께해야 한다. 혼자 있게 되면 지루함, 불안, 초조 또는 피로를 느끼며 사회적 자극이 없어서 에너지가 대폭 줄어들기 때문이다. 그러나 다른 사람과 함께 있으면 사회적 배터리가 계속해서 충전된다. 사람은 누구나 즐거움을 추구하는 성향이 있는데, 그중에서도 외향적인 사람은 끊임없이 사회활동에 나서서 더 큰 즐거움을 얻고자 한다.

사람은 선천적으로 자신이 능숙한 것을 즐기는 경향이 있기에 외향적인 사람이 모임에서 무리를 주도하는 경우가 많다. 외향적인 사람은 모임에서 시선을 한 몸에 받는 것을 지극히 당연한 일로 여기며, 그런 환경에서 가장 편안하다고 느낀다. 그리고 그런 경험이 쌓여서 더 능숙해진다. 사회생활에서 두드러지는 인물을 떠올려본다면 전형적으로 외향적인 사람의 이미지가 그려진다. 매주 파티를 여는 사람이나 어떤 파티든 적극 참석하는 사람, 누구와도 쉽게 대화를 나누는 영업사원 등 다양하다. 그들이 사회활동의 중심축으로 보이기에 사람들은 그들 주위에 모이고 싶어 한다.

그렇다고 외향적인 성격이 마냥 좋은 것만은 아니다. 소통 능력은 정말로 뛰어나지만 간혹 산만함이라는 단점을 동반하기도 한다. 특히 직장에서 그런 경우가 많다. 외향적인 사람은 항상 타인에게 집중하다 보니 쉽게 주의가 산만해지는 경향이 있어서 능률이나 생산성이 떨어진다. 책상 위에는 처리해야 할 서류가 산더미처럼 쌓여 있지만, 휴게실에서 사람들의 웃음소리가 들리면 가보지 않고는 못 배긴다. 게다가 서류 더미를 쳐다볼 때마다 혼자서 그 많은 일을 다 처리해야 한다는 생각만으로도 지쳐버린다.

쉽게 산만해지는 성향이 있음에도 서구 사회에서는 일반적으로 외향적인 성격을 이상적으로 여긴다. 예컨대 유명 인사들만 봐도 대부분이 외향적인데, 그들이 유명해진 것은 결코 우연이 아니다. 그들에겐 주목받는 것이 자연스럽고 사회활동에 적극 참여하는 것이 조용하게 사는 것보다 더 즐거운 일이기 때문이다.

여기서 짚고 넘어가야 할 점은 많은 매력적인 인물이 외향적이라고 해서 외향적인 사람 전부가 매력적인 인물은 아니라는 것이다. 남과 어울리는 것을 좋아하지만 정작 상대는 거북해하는 사람도 있지 않은가. 자각이 부족해서 사람들이 자신을 피한다는 사실을 눈치채지 못하는 사람 말이다. 매체에서 그렇게 치켜세우는 외향성은 그 자체로는 긍정적인 특성이 아니다. 물론 부정적인 특성도 아니다. 그저 사람 본연의 행동 양식을 설명하는 말일 뿐이다. 야구를 좋아한다고 해서 야구를 잘한다는 뜻은 아닌 것과 비슷한 맥락이다.

매우 외향적인 사람의 이상적인 하루는 대체로 이런 모습이다. 적어도 식사만큼은 다른 사람과 함께하고 싶어 한다. 직장 동료나 친구, 가족 등 다른 사람과 시간을 보낼수록 더 많은 에너지를 얻을 수 있기 때문이다. 일이 너무 많아 점심시간을 15분밖에 내지 못한다 해도 사무실에서 홀로 때우기보다는 북적거리는 카페를 찾아간다. 외향적인 사람에게 휴식이란 홀로 있는 시간이 아니라 사람들과 어울리며 보내는 시간이다.

그렇다고 외향적인 사람이 간간이 책을 읽거나 넷플릭스에서 영화를 다운받아 보면서 근사한 저녁을 보내지 않는다는 말은 아니다. 외향적인 사람은 혼자일 때도 즐길 거리가 있다면 여전히 즐겁다. 오락으로 에너지를 충전할 수 있으니까. 다만, 즐길 거리가 없이 혼자라면 상황이 달라진다.

외향적인 사람은 내향적인 사람만큼 내적인 감정에 치중하지 않으며, 실질적인 상황이나 환경에 더 초점을 둔다. 그러기에 좋은 자극이 부족한 상황에서 혼자 오래 시간을 보내면 급속도로 지루해하고 불안함을 느끼게 된다. 외향적인 사람은 긴 한 주를 마치고 머리를 식히고 싶으면, 일반적으로 사회적 소통이 많은 곳을 찾아가려고 한다. 소통이 많을수록 더 좋다.

내 친구 중 매우 외향적인 케이티와 저녁에 외출했다가 그 점을 실감한 적이 있다. 술집으로 걸어가는 몇 분 동안 케이티는 처음 본 무리 여섯 명과 안면을 트고 재미 있게 이야기를 나누며 이목을 독차지했다. 이후에도 그녀는 한 주 내내 보였던 모습보다 더 활기가 넘쳤고, 우리는 술집도 이곳저곳 옮겨 다니며 새벽까지 많은 사람을 만났다. 케이티가 마치 뱀파이어처럼 내 에너지를 빨아들였기에 내향적인 나는 휘청거릴 수밖에 없었다. 하지만 나는 친구가 얼마나 오랫동안 지치지 않고 사람들과 어울리는지 알고 싶었기에 꾹 참았다. 영업이 끝났다는 술집 종업원의 얘기와 함께 사람들이 하나둘 빠져나가기 시작할 때도 그녀는 여전히 기운이 펄펄 넘쳤다.

이 경험담에는 외향적인 사람의 기본적인 특성이 고스란히 담겨 있다. 그들은 다른 사람과 함께 있을 때 에너지를 얻기에 사회활동을 추구하는 것이다. 가까운 친구들의 주목을 받은 사람이 북적거리는 카페에 혼자 앉아 있든 간에 중요한 점은 주위에 사람이 있다는 것이며, 그것만으로도 에너지를 충전할 수 있다. 외향적인 사람을 에너지를 흡수하는 스펀지라고 불러도 좋다.

외향적인 사람에 대한 오해

성격 유형에 대해 알아가면서 자연스레 그간의 경험으로 가족과 친구들을 분류하게 될 것이다. 중요한 건, 그 과정에서 외향적인 사람에 대한 수많은 오해를 살펴야 한다는 것이다. 저녁에 함께 외출했던 날 내 친구 케이티의 행동을 다시 들여다보면서 가장 흔한 오해에 대해 알아보자.

그날 밤에 만난 새로운 사람들 중 케이티가 연락처를 물은 사람은 단 한 명도 없다. 그녀를 지켜보면서 가장 놀랐던 점이 바로 이것인데, 내 친구는 마주친 사람들과 아주 친밀해지는 것처럼 보였다. 그런데 흥미로운 대화가 오가는 것을 계속 지켜보면서 나는 케이티에게 의미가 있는 것은 소통 자체이지 친구를 새로 사귀는 것이 아니라는 점을 깨달았다. 물론 이런 일은 내향적인 사람에게는 악몽이 될 수 있다. 아무 목표나 소득 없이 이루어지는 사회활동이기 때문이다.

외향적인 사람은 많은 사람을 만나기에 친구도 엄청 많을 거라고 흔히 생각하는데, 사실 꼭 그렇지만은 않다.

외향적인 사람은 그냥 아는 사람이 많을 뿐이다. 간간이 또는 꾸준히 소통하지만 친하지는 않은 사람 말이다. 소셜미디어 덕분에 외향적인 사람은 친구가 엄청 많을 거라는 오해가 더 커졌다. 디지털로 연결된 세상에서 인기의 척도처럼 여겨지는 인스타그램의 팔로워 수나 페이스북의 친구 숫자가 많기에 더욱 그렇게 보인다. 하지만 지극히 외향적인 사람도 평범한 사람과 비슷한 수의 친한 친구가 있으며, 사회적 선호에 따라서 신중하게 친구를 사귄다. 외향적인 사람은 일반적으로 만나는 사람이 많긴 하지만 가까운 친구는 따로 있다.

이 점이 외향적인 사람에 대한 가장 큰 오해로 이어지고, 그 오해는 외향적인 사람과 관계를 형성할 때 특히 해가 된다. 즉, 다음과 같은 오해다. '외향적인 사람과 소통해보면 항상 기분이 좋고 사회성이 뛰어나다는 느낌을 받는다. 그 자신도 명랑한 성격 덕에 늘 행복을 느끼며, 외향적이지 않은 사람만큼 기분이 우울해지지 않는다.'

하지만 이는 잘못된 인식이며, 그 인식은 은연중 비이성적인 기대를 품게 한다. 외향적인 사람은 항상 열정적이고 긍정적으로 반응해줄 거라는 기대 말이다. 외향적인 성격을 가진 사람 역시 때로 우울하거나 침울해지고, 고민하거나, 자기를 돌아보는 시간을 가진다. 그런 시기에는 말수가 적고 자기 안으로 숨는 친구와 어울릴 때처럼 그를 가만히 지켜봐 주어야 한다.

당신이 나이가 좀 있고 외향적인 사람을 만난 경험이 많다면, 대다수의 외향적인 사람이 가벼운 대화를 선호하며 내향적인 사람들만큼 깊은 대화를 나눌 만한 상대가 아니라고 생각할 수도 있다. 하지만 이는 사실이 아니다. 외향적인 사람도 깊이 생각할 수 있으며, 타고난 소통 능력이 좋기 때문에 지적인 주제에 관한 깊이 있는 대화를 오히려 더 원활하게 나눌 수 있다. 그들도 이런 대화를 즐긴다.

다만 모두가 그런 것은 아니다. 외향성과 내향성의 스펙트럼 전체를 오가는 사람은 긍정과 부정의 감정을 전부 가지고 있는데, 그 전형적인 특성의 차이는 각 개인이 문제를 해결하는 방법이 무엇이냐에 따라 달라진다. 외향적인 사람도 제대로 자아 성찰을 하고 개인적인 문제를 잘 다룰 수 있다. 혼자 고민하기보다는 자신의 문제를 밖으로 끄집어내 해결책을 찾는 편인데, 주로 가까운 친구나 가족과 상의한다.

그러므로 외향적인 친구가 전화를 걸어 당신의 의견은 묻지도 않고 계속 고민거리를 떠들어댈 때, 별것도 아닌 일에 시간을 뺏긴다고 생각해서는 안 된다. 당신은 친구에게 엄청나게 고마운 도움을 주고 있는 것이다. 외향적인 사람은 어려움에 처했을 때 자기 생각을 누군가에게 이야기할 수 있다는 것만으로도 큰 도움을 받았다고 생각한다.

외향적인 사람에 관한 보편적인 오해들을 인식하고 나면, 그들과 한층 더 효과적으로 소통할 수 있다. 누군가가 엄청나게 외향적이라면, 그 사람은 평생 이런 오해로 많은 어려움을 겪었을 것이다. 그러니 당신이 그의 성향과 호불호를 섣불리 판단하지 않고 이해하려고 노력하는 모습을 보이면 분명 고마움을 느낄 것이다. 이 책을 읽는 동안 외향적인 사람에 대해 염두에 둘 기본 사항을 알아보자.

- 외향적인 사람이 남과 어울리기를 좋아하는 것은 그 활동을 통해 에너지를 얻기 때문이다. 소통을 많이 할수록 기운을 더 많이 충전할 수 있다.
- 외향적인 사람은 실전 경험을 많이 쌓은 덕에 뛰어난 소통 능력을 갖추고 있고, 이것이 사회활동에서 빛을 발한다. 이것이 외향적인 사람을 움직이는 원동력이다.
- 외향적인 사람이라도 내향적인 행동 경향을 보일 수 있다.

누군가가 내향적인지 외향적인지 신속하게 판단하고 그 정보를 제대로 활용한다면 사회생활에서 엄청난 이점을 누릴 수 있다. 외향적인 사람을 만난다면, 그가 자기 생각에만 갇혀 있지 않고 당신의 에너지를 얻어간다는 점을 유념하라. 물론 당신의 공간을 침해하거나 삶을 들여다보려고 그러는 건 아니다. 그저 곁에 있는 것을 즐길 뿐이다. 다른 사람의 이야기를 듣고 무언가를 배우는 것을 좋아하거나 인생에서 벌어지는 일들에 관해 들어줄 누군가가 필요하다면, 외향적인 성격을 지닌 친구를 사귀어보자. 당신과 즐겁게 소통해줄 것이다.

또한 인생에서 원하는 방향으로 나아가고 싶다면, 가장 먼저 자신이 스펙트럼의 어느 위치에 있으며 그 점이 성격과 의사 결정 능력에 어떤 영향을 미치는지 이해해야 한다. 예컨대 당신이 외향적인 성격의 사람이라면 온종일 좁은 곳에 틀어박혀 있는 건 고역일 것이다. 소통의 기회가 많은 일을 하거나 많은 사람과 접할 수 있는 취미 활동을 하면서 현재를 즐겁게 지내자. 당신이 만약 내향적인 성격이라면 삶에 외향적인 영향을 더 많이 받아들이는 사회활동을 늘려가자. 그럴 때 인생이 더 즐거울 수 있고, 다른 사람과 소통하고 친해지는 방법도 효과적으로 배울 수 있다.

제3장

양향성 : 혼자는 외롭고 여럿은 피곤해

Ambivert
Uncovered

영국의 심리학자 한스 아이젱크^{Hans Eysenck}는 내향성과 외향성의 특징을 모두 가지고 있는 사람을 가리키는 말로 '양향성^{ambiversion}'이라는 단어를 처음 사용했다. 양향성은 성격 스펙트럼의 중간에 자리하는데, 중간이 정확히 어디라고 꼭 집어 말하긴 어렵고 두 성격 유형을 반씩 가지고 있다고 볼 수도 없다. 기질이나 성격은 유동적인 특성을 지니기에 양쪽을 수시로 오간다. 오늘 방방 뛰거나 말도 안 되는 이유로 신경질을 부렸다고 해서 내일 침착하고 이성적이지 말라는 법은 없다.

내향적인 사람은 속에서 에너지를 채우는 사람이다. 그에게 진정한 세상이란 마음속에서 생겨나는 생각, 사고, 인식으로 이루어진 곳을 가리킨다. 혼자 있는 것을 더 좋아하는 사람은 어디에든 있다. 모두가 방방 뛰고 잠시도 가만히 있지 못한다면 세상은 정말로 혼란스러울 것이다. 그에 비해 외향적인 사람은 바깥세상, 타인, 주위 환경에 존재하는 것에서 에너지를 얻는 사람이다. 세상을 관찰하고 참여하고 그 일부가 됨으로써 생각과 마음가짐, 행동 방식을 결정한다.

이 두 성격의 특질을 정의한 카를 융은 완전한 내향성 또는 외향성으로만 이루어진 성격은 존재하지 않는다고 생각했다. 그는 "완전한 내향성 또는 외향성은 존재하지 않는다. 그런 사람은 정신병원에서나 볼 수 있다!"라고 말했을 정도다. 그래서 양향성이라는 용어가 등장했고, 이 단어는 완전한 내향성과 외향성 사이의 방대한 중간 지점을 가리킨다.

날마다 똑같은 사람은 없다

융이 지적한 것처럼 우리는 개인의 성향을 완전히 한 가지 특성으로 규정할 수 없으며, 그렇게 하면 이상하거나 불안한 상태로 인식될 것이다. 무지개의 색상이 점차 달라지는 것처럼 성격 스펙트럼에도 단계적 변화가 있다. 아마도 무지개는 일곱 색깔이라고 배웠을 테지만, 가시광선을 초월하는 더 은은한 색조와 명암이 있기에 실제 색상은 그보다 훨씬 많다.

성격 스펙트럼도 마찬가지다. 사람은 정적이지 않고 역동적인 존재다. 대다수의 사람은 처한 상황이나 어떤 일의 동기, 관련된 사람이 누구냐에 따라 더 내향적이 되거나 외향적이 될 수 있다. 당신도 누군가가 예상 밖의 반응을 보여 놀란 적이 종종 있었을 것이다.

조너선 알렉산더 Johnathan Alexander 교수는 "사람은 각자 두드러지는 성격이 무엇이든 간에 약간의 내향성과 외향성을 가지고 있다"라고 지적한다. 모두가 기분에 따라 변화를 겪는 것이다. 이는 자연스럽고 일반적이며, 특수한 예가 아니다. 파티에 갔다 올 때와 장례식장에 다녀올 때가 같은 감정일 수 없는 게 당연하지 않은가.

때로는 내향적인 사람이 파티가 끝나길 원하지 않기도 하고 사회적 에너지를 끝도 없이 공급하는 모습을 보이기도 한다. 이는 내향적인 사람의 행동 방식에서는 아주 특이한 모습이지만, 아마도 마음에 드는 이성이나 상관에게 잘 보이고 싶어서 노력하는 것일 수도 있다. 내향적인 사람은 혼자 있는 것을 더 좋아하는 것처럼 보이지만, 이처럼 자신의 성향에서 벗어나 행동해야 하는 상황도 생긴다.

외향적인 사람은 어떨까? 이들 역시 마찬가지다. 그들도 가끔은 모임에서 일찍 자리를 뜨거나 앞에 나서지 않고 가만히 벽에 붙어서 사람들과 동떨어진 모습을 보이기도 한다. 이는 외향적인 사람의 특성과는 다르지만, 최근 이별을 겪었거나 막 퇴근하고 한숨 돌리는 것일 수도 있다.

사람은 삶에서 마주치는 변수에 따라 내향성과 외향성을 모두 보인다. 사회적 배터리, 타인을 용납하는 정도, 흥미를 가지는 정도 등이 업무나 감정, 기분에 크게 영향을 받기 때문이다. 날마다 똑같은 사람은 없다. 만약 매일 판에 박은 듯 살아간다면 삶은 정말로 지루하지 않을까?

예를 들어 어떤 사람이 이사회에서 있을 발표를 준비한다고 해보자. 그 사람은 몇 주 동안 내향적인 모습을 보일 수 있다. 리더십을 발휘해야 하는 상황을 제대로 대비하기 위해 사무실에서 '조용한 시간'을 보내고 싶을 것이다. 그런데 회사에서 조용히 자신만의 시간을 보내면서 일을 해나갈 수 있을까?

어느 시점이 되면 자신이 원하든 그렇지 않든 간에 동료와의 관계가 필요하다는 점을 깨달을 것이다. 물론 일에 방해가 될 정도로 간섭받고 싶진 않을 테니 적정한 수준에서 외향적인 모습을 보일 것이다. 이런 과정을 통해 자신과 동료 사이의 소통 문제를 잘 다루는 자신을 발견할 것이며, 자신의 모습에서 내향성과 외향성의 균형을 잡아갈 것이다.

이는 좋은 일이며 마치 카멜레온처럼 다양한 상황에 적응하는 능력을 갖췄다는 것을 의미한다. 시간이 흐르면 이런 적응력이 어느 정도 높아지는데, 그렇다고 자신의 특성에서 완전히 벗어난다는 뜻은 아니다.

중요한 것은 균형 감각이다

진정한 양향성은 내향성과 외향성의 스펙트럼을 자유롭게 오갈 수 있다. 세상은 흑백이 아니며 은둔자와 파티광만으로 구성되어 있지 않다. 대부분의 내향적인 사람 역시 오랫동안 고립되어 있으면 상당히 불안해한다. 심하면 '밀실 공포증'으로 번지기도 한다. 대부분의 외향적인 사람도 마찬가지다. 홀로 즐기는 시간 없이 여러 사회활동에 연달아 참여하다 보면 불안감이 커진다. 그래서 인구의 99퍼센트 정도가 상황에 따라 내향적이 되거나 외향적이 된다.

예를 들어, 어떤 회사의 인사부 과장이 납품한 제품과 관련해서 주요 고객사로부터 항의를 받았다고 생각해보자. 그는 제품을 잘 아는 엔지니어를 불러 고객사에 연락해서 문제를 해결하라고 조치할 것이다. 그 엔지니어는 내향적인 사람이라 고객과 직접 연락하는 일이 드물다. 또 원칙에 충실한 경향이 있어서 고객이 설명서를 그대로 따르지 않으면 불만을 터트린다. 때로는 "고객은 다 멍청이들이야!"라고 화를 내기도 한다. 하지만 납품처한테 멍청하다는 소리를 듣고 싶은 고객사는 없을 것이다. 그러니 내향적인 사람일지라도 상황에 맞춰 외향적으로 바뀔 수 있어야 한다. 게다가 대화를 하면서 자제심과 인내를 보여야 한다.

이것이 기업에서 일하는 사람이 지녀야 하는 이상적인 자질이다. 즉, 이 예에서 엔지니어는 자신의 내향적인 역할에서 벗어나 고객의 문제를 침착하게 해결할 수 있어야 한다. 한마디로, 자신의 내향성과 외향성을 잘 다루어야 한다는 뜻이다. 자신을 내향적인 인물로 단정하고, 그 역할에 계속 가두는 것은 스스로를 고립된 삶을 살면서 자기 안에 머무는 존재로 한정시키는 것이다. 남들과 만나지 않고 자신에게만 의존하려고 할 때 가장 안타까운 점은 그럼으로써 자신의 가능성을 제약한다는 것이다. 위대한 리더의 자서전에서 '모든 걸 나 혼자 했다'라는 말을 본 적이 있던가?

반대로 자신을 전적으로 외향적이라고 여기고 그 틀에 가두면 경력을 높일 교육의 기회나 돈을 더 많이 벌 기회를 놓칠 수 있다. 미리 계획을 세우고 일에 집중하는 대신, 순간에 휩쓸려 다니느라 시간을 흐지부지 보내는 사람이 될 수 있다. 막 대학에 들어간 신입생이 밤마다 파티를 하며 시간을 허비하는 모습을 종종 보지 않는가. 그 학생은 당장은 즐거울지라도 얼마 못 가 학점 스트레스에 짓눌리게 될 것이다.

외향성과 내향성의 특성을 잘 조합하면 한층 능력을 키우고 원하는 것을 할 수 있게 된다. 그러면 다양한 경력을 쌓을 발판을 마련할 수 있다. 도전하는 탐험가들이 없었다면 우리는 세상의 많은 부분을 알지 못한 채 살아가고 있을 것이다. 또는 작가가 없었다면 우리는 다른 사람들의 삶을 모르는 채 살아갈 것이다. 이런 다양함이 삶을 살아볼 만한 가치가 있는 것으로 만들고, 그 가치를 최대한 누릴 수 있게 도와준다. 또한 우리가 성장하고 가능성을 최대한 발휘할 수 있도록 도전 정신을 북돋아

준다.

인구의 99퍼센트가 양향성을 지녔는데, 나머지 1퍼센트가 간혹 우리의 삶에 개입한다. 그런 사람들은 이상하고 불안해 보이며, 어떻게 대해야 할지 알 수가 없다. 내향성이 강한 사람에게도 우리는 최소한의 외향적인 행동을 기대하는데, 상대가 그 기대에 부응하지 못하면 마치 로봇과 대화를 나누는 것처럼 어색함을 느낀다. 외향성이 강한 사람에게도 간간이 조용하고 차분한 행동을 보이길 기대한다. 상대가 그 기대에 부응하지 못하면 나중에 이름도 기억하지 못할 것 같은 정신없는 사람과 이야기를 나눈다는 느낌이 든다.

궁극적으로, 적당한 선을 지키고 균형을 잡는 것이 중요하다. 우리 모두는 다양한 감정을 보일 수 있다. 항상 친구들과 놀러 다니거나 어두운 방에 홀로 처박혀 있기만 한다면, 심장이 금방 멈춰버릴 것이다. 인생은 우리에게 활동과 생각 모두를 하라고 요구한다. 한 곡만 계속 연주하는 밴드는 박수갈채를 받지 못한다.

우리 모두는 양향성을 가지고 있다. 사회에 맞춰 계속

진화하려면 역동적으로 움직일 수밖에 없다. 모든 사람이 동굴에 가만히 처박혀 있을 것이 아니라 누군가는 사냥을 하고 누군가는 채집을 해야 한다. 그런 다양성이 없었다면 세계 각국의 정교한 여러 언어 대신 인류는 아직도 옹알이나 비명으로 소통하고 있을 것이다.

내향, 외향, 양향을 구분하듯 사람들은 스스로 외향적 내향성 또는 내향적 외향성 등으로 정의하기 시작했다.

외향적 내향성인 사람은 혼자 있을 때 에너지를 얻지만 사회활동도 즐긴다. 휴대전화와 마찬가지로 이들에게도 조용히 홀로 '충전'할 시간이 필요하다. 그런 다음에야 자연스럽고 충실하게 인생을 살아갈 수 있다.

내향적 외향성인 사람은 사회적 교류를 통해 에너지를 얻으면서도, 다른 사람의 경험을 살피며 자신의 개성과 독창성을 키울 시간을 가진다. 이 과정에서 자신만의 아름답고 의미 있는 요소를 굳건히 하고 타인과 구별되는 특징을 발전시킨다. 다시 말해 이들은 모두 양향성을 정의하는 말들이다. 명칭은 다르지만 정확히 같은 것을 가리킨다.

전통적으로 내향성-외향성을 결정하는 잣대는 잘못된 이분법에서 나왔다. 물론 사람은 한쪽으로 기울 수 있다. 하지만 그 말은 곧 중간에도 자리할 수 있음을 뜻한다. 너무나 당연한 이치다. 스펙트럼상에서 우리는 모두 각기 다르다. 어떻게 분류되고 어떤 명칭을 가졌든 간에 차이보다 유사성이 더 많다. 좋든 싫든 누군가는 속으로 이미 자신의 유형을 정했을 텐데, 일반적으로 이는 득보다 실이 많다. 모르는 것을 탐험하고 도전하는 대신 기대에 맞게 살아가다 보면 얻는 것이 없다. 한 가지 구분에 집착하는 것은 인간 본성의 진정한 다양성을 부정하는 결과가 된다.

지구상에는 75억 명이 살고 있다. 인간은 진화했고 번영했다. 폭풍, 홍수, 가뭄을 겪으며 살아남았고 다양한 인종, 민족, 문화를 가지고 있다. 가끔은 정신없이 움직이고 때로는 칠흑같이 어두운 밤처럼 완전한 침묵에 잠긴다.

외향성과 내향성 사이를 영원히 왕복하면서 우리는 이 세상을 살아가는 데 꼭 필요한 균형을 얻을 수 있다.

넘치는 활력과 자아 탐험 두 가지는 모두 중요하며, 반드시 행동을 보여야 할 때도 반드시 침묵해야 할 때도 있다. 그렇게 함으로써 우리 자신이 살아 있는 존재라는 것을 느낄 수 있다. 우리 모두는 양향성을 가진 사람으로서 이 세상을 진정 아름답게 만드는 주체다.

제4장

이게 다 뇌 때문이다

Brain Chemicals

 자신의 성격이 외향성과 내향성의 스펙트럼상에서 때에 따라 큰 폭으로 바뀌기보다는 대체로 한곳에 머무른다고 생각할 수도 있다. 대규모 파티나 친목 모임에 참석하려고 스스로 기분을 띄우기도 하지만, 그러고 나면 몹시 지치는 사람이 그 예다. 그럴 때면 자신의 고유한 특성을 가볍게 바꿀 수 없다는 점을 새삼 느끼게 된다.

 살면서 만나는 모든 사람과의 소통에서 어떤 기분이 느껴지는가는 자신감, 만나는 집단에 대한 친밀감, 건강 등의 요소가 좌우한다. 외향적인 사람과 내향적인 사람이 저마다 어떤 사회활동 방법을 선호할지를 가르는 데에는 자극제가 중요한 요인이 된다. 그런데 이 자극제가 작용하는 방식에서 두 성격 간에 큰 차이는 없다. 다행스럽게도, 심리학자와 신경과학자들이 이런 차이를 관찰하고 수치화해서 더 잘 이해할 수 있도록 연구를 진행해오고 있다.

현재를 즐기는 재능

2012년 하버드대학교의 심리학자 랜디 버크너Randy Buckner는 외향적인 사람과 내향적인 사람의 뇌 구조에 어떤 차이가 있는지를 밝히기 위해 연구를 시작했다. 연구 결과, 개인이 지닌 내향적, 외향적 경향이 어떻게 결정되는지에 대해 하나의 실마리를 찾아냈다. 버크너와 연구진은 내향적인 사람으로 분류된 실험 참여자의 전전두엽에서 특정 부분의 회백질이 더 두꺼운 반면, 외향적인 참여자는 얇다는 사실을 발견했다. 전전두엽이란 추상적인 사고, 계획, 의사 결정, 주의 집중, 관심 범위 결정 같은 기능을 담당하는 뇌의 한 부분이다. 뇌의 회백질이 두껍다는 것은 지능 및 인지 능력이 뛰어나다는 점과 직접적인 연관이 있다.

외향적인 사람과 내향적인 사람에 대해 이미 알고 있는 정보를 토대로 이 연구 결과를 살펴보면 이해가 갈 것이다. 연구를 통해 도출할 수 있는 분명한 점 하나는 내향적인 사람은 전형적인 내향적 행동과 관련된 뇌의 신경 경로의 밀도가 매우 높다는 것이다. 다시 말해 내향적인 뇌는 그렇지 않은 뇌에 비해 우리가 내향적이라고 분류하는 방식으로 자극제에 반응한다. 그래서 계획, 분석, 집중, 자기 성찰에 더 많은 뇌를 쓴다. 말 그대로 뇌 구조의 차이다.

이런 결론이 개인의 성격 유형을 결정하는 데 어떤 영향을 미칠까? 우선, 성격 스펙트럼의 양극단에 있는 유형의 행동이 얼마나 다양한지를 이해하는 데 도움을 준다. 살면서 '순간을 즐겨라'라는 말을 적어도 한두 번은 들어봤을 것이다. 서구 사회는 이를 이상적인 삶의 방식으로 봤고, 인생을 행복하게 영위하는 데 중요한 요소로 여겼다. 순간을 즐기는 경향은 사회적 스펙트럼 내에서 자신의 위치가 어디인가, 그리고 전전두엽의 회백질 밀도가 어떠한가와 관련이 있다.

외향적인 사람은 분석하고 결정하는 데 신경을 많이 쓰지 않는다. 대신 환경에 반응하도록 작용하기 때문에 순간을 즐기며 살기가 훨씬 수월하다. 내향적인 사람은 이런 서구 사회의 이상향에 맞춰 사는 데 종종 어려움을 겪는다. 전전두엽이 조밀해서 생각하고 계획하고 결정하는 데 정신을 더 많이 쏟기에 서구 사회에서 권장하는 활동에 전부 참여하지 못하는 것이다.

왜 내향적인 사람이 사회활동에서 피로를 더 빨리 느끼는가 하는 문제도 이 점이 잘 설명해준다. 자극에 반응하느라 인지 기능이 바쁘게 작동하기 때문이다. 파티는 단순히 즐기는 자리가 아니다. 사람과 환경과 대화를 분석하고, 끝도 없이 의사 결정을 해야 하는 시간이다. 외향적인 사람은 보이는 그대로 받아들이지만 내향적인 사람은 그것을 자잘하게 쪼개서 봐야 직성이 풀린다.

내향적인 사람이 술을 마시면 변하는 이유 역시 이 점

이 잘 설명해준다. 술은 종종 사회적 윤활유로 불리기도 하지만, 판단 능력과 비판적 사고 능력을 떨어뜨린다. 인간 행동을 연구하는 과학자들이 술을 마신 사람의 뇌를 스캔해보니 술이 전전두엽의 신경 활동을 감소시키는 데 직접적인 영향을 끼치는 것으로 드러났다. 술은 사람을 일시적으로 자기 생각보다 환경에 어울리게 만들어 실제 성격보다 외향적으로 행동하고 느끼게 한다. 물론 술이 사회적 소통을 더 원활하게 하고자 하는 사람에게만 필요한 것은 아니다. 이미 상당히 외향적인 사람 역시 술이 다른 사람과 함께 현재를 즐기는 기분을 더 증폭시켜주기에 금상첨화라고 여긴다.

모든 것을 분석하고 자신을 돌아보는 데 집중하느라 현재를 살지 못하고 스스로에게 갇힌 기분을 느낀다면, 그래서 탈출구가 필요하다는 생각이 든다면 명상이 해법이 될 수 있다. 마음챙김 명상은 감정을 담당하는 뇌의 한 부분인 편도체와 전전두엽의 결합을 느슨하게 해주는 것으로 나타났다. 그래서 사고에 관한 자각을 높여 생각을 더 잘 통제할 수 있게 해줌으로써 건강을 증진한다.

다시 말해, 긴장을 완화해 한층 침착한 관점에서 자신의 사고에 접근할 수 있게 해주는 것이다.

명상은 외향적인 성향의 사람에게도 도움이 된다. 연구에 따르면 꾸준히 명상을 하면 전전두엽의 회백질 밀도가 높아지는 것으로 나타났다. 이 말은 곧 집중력, 계획 능력, 의사 결정 능력을 명상을 통해 향상시킬 수 있다는 뜻이다.

이런 지식을 바탕으로 보자면 내향성-외향성 스펙트럼상 우리의 위치는 생각만큼 정적이지 않음을 알 수 있다. 적어도 단기간에는.

환경을 이기는 내면의 힘

내향적인 사람이 외부 환경이 아닌 머릿속 생각에 따라 산다는 주장을 뒷받침하는 또 다른 증거가 있다. 2013년에 진행된 코넬대학교 리처드 A. 데프Richard A. Depue와 유푸Yu Fu의 연구다. 연구진은 남성 70명(표준 성향 테스트를 해 내향적인 사람과 외향적인 사람이 모두 포함되게 함)을 모은 다음 무작위로 두 집단으로 나누었다. 첫 번째 집단에는 메틸페니데이트methylphenidate를 중추 신경 자극제로 투여하고, 두 번째 집단(통제집단)에는 가짜 약을 줬다. 메틸페니데이트는 리탈린Ritalin으로도 알려져 있는데, 뇌에서 도파민dopamine과 노르에피네프린norepinephrine 분비를 촉진해 주의력결핍과잉행동장애ADHD와 기면증 치료제로 흔히 쓰인다.

그런 다음 실험실 내에서 두 집단에 비디오 시리즈물을 보여줬다. 처음 사흘간은 리탈린이나 가짜 약을 투여하고, 나흘째 되는 날부터는 아무것도 제공하지 않았다. 실험을 진행하면서 연구진은 참가자들이 비디오와 주위 환경에 얼마나 강하게 반응하는지를 측정했다. 단기 기억력, 수지력, 행동 요소 등 잠재의식적 특성을 살폈다. 기존의 인간과 동물 연구를 토대로 학자들은 피실험자들이 환경을 긍정적인 경험으로 결합할 거라 예상했다. 그리고 그 예상은 들어맞았다. 특히 리탈린을 투여받은 쪽은 도파민이 추가로 생성되어 움직임이 민첩해지고 기억력과 시각 집중도가 좋아지며 긍정적인 행동을 보였다.

또한 외향적인 사람 중 투약 집단의 피실험자들은 이후 투약이 중지됐을 때도 비디오를 볼 때와 같은 상태를 유지했다. 통제집단에 있던 외향적인 피실험자도 가짜 약 처방을 중단했을 때 크게 달라지지 않았다.

이는 연구진이 예상한 것과 정확히 일치하는 결과였다. 리탈린을 투약한 집단의 외향적인 사람이 보여주는 현상을 '신경 체계 조건화associative conditioning'라고 부른다. 처음 사흘간 리탈린을 제공해 도파민 방출과 보상 체계를 구성해두었기에, 더는 보상을 받지 않게 됐음에도 이들은 보상을 받을 거라는 기대를 갖고 그렇게 조건을 맞추는 것이다.

그렇다면 내향적인 사람은 어땠을까? 그들에게도 사흘간 비디오를 보여주었고 도파민 수치가 높아진 것을 확인한 뒤에 도파민 생성 요인을 제거했다. 그 결과는 놀라웠다. 도파민 수치가 높아졌을 때의 관련 행동이나 태도 변화까지 모조리 사라져버린 것이다. 다시 말해, 외향적인 사람은 자신이 처한 환경을 바라보지만 내향적인 사람은 그렇지 않다는 뜻이다. 이 연구 결과는 외향적인 사람과 내향적인 사람의 가장 핵심적인 차이를 보여주고 있다.

연구진은 내향적인 사람과 외향적인 사람이 자극에 반응하는 과정에서 상당한 차이가 나타난다고 결론을 내렸는데, 이 차이는 특히 흥분했을 때 더 두드러졌다. 리탈린을 투약한 외향적인 사람이 신나고 즐거운 감정을 느끼는 비디오를 본 후 곧장 환경에 맞게 반응한 반면, 내향적인 사람은 비디오에 적당한 반응을 보이지 않거나 전혀 반응을 보이지 않았다. 그들은 내적 사고를 통해 그런 감정을 불안이라고 해석했을 가능성도 있다. 주요 연구진 중 한 사람인 리처드는 이렇게 말했다.

"광범위하게 보자면, 이 연구는 환경에 반응하는 개인의 뇌 기능 차이가 행동 변수에 얼마나 큰 영향을 끼치는지 알려준다고 할 수 있습니다."

내향적인 사람에게는 내적 신호가 주위 환경이나 외적 신호보다 더 강한 영향을 끼친다. 따라서 리탈린의 영향을 받은 신경 체계 조건화가 외향적인 사람에게서만

나타난 것이다. 내향적인 사람에게는 약물이 보상이나 동기부여 요소가 되지 못하기 때문이다.

노인 알츠하이머 환자인 헬렌의 사례를 보면 신경 체계 조건화가 얼마나 큰 영향을 미칠 수 있는지 알 수 있다. 헬렌은 쭉 외향적으로 살아왔다. 목소리가 크고 자신감이 넘치는 이탈리아 여성인 그녀는 치매와 길고 긴 전투를 벌이다 결국 세상을 떴다. 생을 마감하기 전 마지막 몇 년 동안 헬렌은 모든 기억을 잃었고, 지인들도 거의 다 기억하지 못해 행복이나 편안함을 느끼기가 매우 어려웠다. 대부분의 시도가 실패했지만 간병인에게는 그녀의 기분을 좋게 만들어줄 한두 가지 비법이 있었다.

그중 하나는 그녀가 가장 좋아하는 옛날 드라마 「콜롬보」를 틀어주는 것이었다. 회당 여러 에피소드가 들어 있는 약 60분짜리 프로그램이다. 당시 헬렌의 단기 기억력은 겨우 몇 분에 불과했지만 그녀는 한자리에 앉아 한 회를 끝까지 봤고, 형사 콜롬보가 결국 범인을 검거했을 때 하는 대사를 듣고 신이 나서 웃음을 터뜨렸다.

그녀는 드라마의 이야기 전개를 전혀 따라가지 못했

고 보고 있는 드라마의 제목조차 기억하지 못하면서도 아주 즐거워했다. 수십 년간 그 드라마를 보고 좋아했기 때문에 행복하고 편안한 감정이 그녀의 마음속에 깊이 각인되어, 뇌 기능은 상실됐어도 신경 체계 조건화는 남았던 것이다.

만약 헬렌이 아주 내향적이었다면 그녀의 마지막 생이 어떤 모습이었을지 궁금하다. 신경 체계 조건화 연구를 토대로 추리해보자면, 간병인이 헬렌의 삶의 질을 향상시키고자 아무리 노력해봐도 전혀 도움을 주지 못했을 것이다.

이것이 우리 삶과 생활에 어떤 의미가 될까? 외향적인 사람은 내향적인 사람보다 현재를 더 잘 즐긴다는 앞서의 결론을 뒷받침해준다. 내향적인 사람이 한층 분석적이고 내적 자극에 민감하게 반응하는 반면, 외향적인 사람은 본능에 의존하며 현재 보고 느끼는 주위 환경에 큰 영향을 받는다는 결론 말이다.

우리는 사람들이 동기를 부여하는 것 즉, 스스로 보상과 자극을 추구하는 것이 무엇인지에 관한 연구를 통해 인간에 대해 많은 것을 알게 됐다. 외향적인 사람에게 보상이란 더 긍정적인 인연을 맺고, 탐험을 하며, 환경에 긍정적인 자극을 받는 것이다. 반대로 내향적인 사람은 내적으로 느끼는 만족감과 성취로 동기를 얻는 경우가 더 많다. 어쩌면 우리는 주위 환경이 잠재적으로 우리의 행동을 조건화하도록 해왔는지도 모른다. 특히 자극적인 어떤 사건 때문에 안 좋은 습관이나 중독 또는 비이성적인 두려움이 생겼을 수도 있다. 그러므로 흩어진 점들을 연결하고 인과관계를 파악하는 것이 삶에서 맞닥뜨리는 정신적 장애를 극복하는 첫걸음이다.

좀 더 넓은 시각에서 보자면 조건화라는 말은 우리의 뇌가 얼마나 유연하며, 외적·내적 자극이 얼마나 큰 영향력을 가지는지 상기하게 해준다. 주위에서 일어나는 일과 머릿속에서 벌어지는 모든 것이 결국 어떤 결과를 가져올지 알지 못하는 상태로 삶을 살아가기란 꽤 쉽다. 그러나 그 인과관계는 분명 존재한다. 인간은 잠재의식의 산물이다. 이 점을 인식한다면 행복을 추구하는 데 큰 도움이 될 것이다.

레몬즙 테스트

가끔 말문을 막히게 하는 질문을 받는데, 그럴 때면 제대로 대답하지 못해서 난감하다. 내성적인 사람이라면 내 기분을 충분히 이해하리라고 본다.

"원래 그렇게 말수가 없으세요?"

새로 같이 일하게 된 직장 동료가 몇 년 전에 이렇게 물었다. 난 다른 때와 마찬가지로 웃음을 보였을 뿐 제대로 대답하지 못했다. 무슨 말을 하겠는가. 가볍게 말을 트거나 대화를 하거나 간간이 사람을 만나러 나갔을 때, 나는 잠자코 있는 것을 좋아한다. 그 이유는 나도 잘 모른다. 나와 같이 시간을 보낸 사람들은 나한테 문제가 있다고 생각한다. 보통은 다른 사람과 조금이라도 이야기를 하려고 하며, 그래서 쉽게 말을 틀 수 있다. 난 사람들이 그렇게 자연스레 친구를 만들어가는 것이 부러웠다.

지금 생각해보니, 예전의 나는 내향적인 사람과 외향적인 사람의 방식에 차이가 있다는 걸 알지 못했던 거다. 이는 뇌 작용의 영향이며, 왜 누구는 호박파이가 좋다고 하고 누구는 애플파이가 좋다고 하는지 알 수 없는 것과 같다. 마찬가지로 축구보나 야구를 더 좋아한다 해서 그 사람을 야단칠 이유는 없다. 사람이 다르니 취향도 제각각이고, 특히 내향적인 사람과 외향적인 사람은 기본적으로 뇌 작용이 다르기 때문에 더욱 그렇다.

이 장에서는 내향적인 사람과 외향적인 사람의 뇌가 어떻게 다른지를 좀 더 자세히 들여다볼 것이다. 우선 내향적인 사람의 뇌가 침착한 상태일 때 어떤 모습인지부터 살펴보자.

성격 유형별 뇌의 작용에 관한 아이젱크의 또 다른 결론은 피질 각성의 기준치에 차이가 난다는 것이다. 피질 각성이란 마음이 자극을 받아 동요하는 정도를 뜻한다. 내향적인 사람의 뇌는 기본 각성의 정도가 높다. 그래서 뇌가 늘 바쁘게 움직이고 절대 쉬지 않는다.

뇌를 전력을 생산하는 발전기라고 해보자. 어떤 발전기는 다른 발전기보다 더 활발히 전력을 생산해낸다. 다시 말해, 아무 이유 없이 더 높은 수준으로 작동한다는 뜻이다. 한 발전기는 대기 중인 상태에서 500와트로, 다른 발전기는 50와트로 가동한다고 치자. 그 이유를 어디서 찾을 수 있을까? 발전기가 서로 다른 용도로 설계됐다는 사실 말고는 이렇다 할 이유가 없다.

두 발전기 모두 1,000와트에 도달하면 작동을 멈춘다. 내향적인 사람은 500와트로 돌아가는 발전기라 항상 깨어 있고 예민하며 분석적이다. 1,000와트의 한계에 근접하면, 쉽게 감정에 휘말리고 화를 내고 스스로를 닫아버린다. 실제로 받는 자극의 정도를 조절하지 않으면 외부의 간섭이나 회로 과부하 탓에 작동이 멈춰버린다. 내향적인 사람에게 자극이란 너무 많은 사회활동이나 대화 또는 사람이 많은 자리에 참석하는 것 등이다.

반면에 외향적인 사람은 와자지껄한 소음이나 사람들에 둘러싸여 있어도 괜찮다. 대기 전력이 50와트밖에 되지 않기 때문이다. 사회활동을 한 뒤에 지쳐 플러그를 뽑아버리거나 홀로 재충전을 할 필요가 없다. 자극을 최소한으로 받기에 가능한 것이다. 오히려 자극의 정도를 높이려고 새로운 환경을 찾아 나선다.

내향적인 사람의 각성 기준치가 더 높다고 해서 꼭 좋은 것만은 아니다. 높은 각성 기준치가 꾸준히 높은 수준의 인지 활동을 보장한다는 뜻은 아니다. 쉽게 스트레스를 받는 사람이 행운아라거나 더 똑똑한 사람이라고 볼 수는 없지 않겠는가. 그렇다고 외향적인 사람이 스트레스를 덜 받기 때문에 머릿속이 텅 빈 멍청이라고 볼 수 없는 것과 같다. 이런 특성은 긍정과 부정의 의미를 모두 포함하고 있는 것이다.

내향적인지 외향적인지 알아보는 데 기본 각성의 차이가 어떤 의미를 지닐까? 가끔 우리는 어쩔 수 없이 감정이 동요하는 상황을 겪는다. 내향적인 사람은 그런 상황을 더 자주 경험한다. 외향적인 사람보다 기준치가 높기 때문이다. 각성 수치를 조절하고 과하게 휩쓸리지 않도록 하려면 혼자 있는 시간이 필요하다. 그에 비해 외향적인 사람은 사회생활에 좀 더 느긋하기에 상황을 더 즐길 수 있다. 결국 물속에 머리가 잠겼을 때, 안정감을 느낄 것인가 아니면 당장이라도 익사할 것 같은 기분을 느낄 것인가의 차이다.

망상활성계^{RAS: reticular activating system}의 작용을 살펴보면, 아이젠크의 연구 결과를 상당 부분 뒷받침해준다는 것을 알 수 있다. 망상활성계는 각성과 자극의 정도를 조절하는 역할을 한다. 모든 사람에게 하루에 어느 정도의 각성이 필요하다고 가정해보면, 왜 외향적인 사람이 두드러지게 행동하고 다른 사람과 대화를 하려 하는지 알 수 있다. 그들의 망상활성계는 썩 부지런하지 않기 때문이다. 반대로 내향적인 사람은 망상활성계 활동치가 높다. 그래서 굳이 그 상태를 유지하고자 다른 자극을 찾을 필요가 없다.

연구에 따르면 망상활성계를 통해 기본 각성의 정도를 측정할 수 있다. 스스로를 얼마나 내향적 또는 외향적으로 인식하고 있는지도 예측할 수 있다. 망상활성계가 활발하다면 외부 자극에 더 강하게 반응할 확률이 높다. 이 책에서 내향적인 사람에 대해 언급한 점과 흥미롭게도 일치한다.

아이젱크는 레몬즙 실험을 고안해냈다. 레몬즙을 혀에 떨어뜨렸을 때, 망상활성계가 더 민감하고 활동량이 큰 사람은 그렇지 않은 사람보다 침이 더 많이 생길 거라고 가정했다. 다시 말해 침이 더 많이 생기는 사람이 외부 자극에 대한 반응과 각성 정도가 높은 내향적인 사람일 확률이 크다는 것이다. 과연 결과는 어땠을까? 실제로 내향적인 사람이 외향적인 사람보다 침 분비가 50퍼센트 더 많았다.

레몬즙처럼 작은 액체 방울이 엄청난 반응 차이를 유발할 수 있다는 사실은 각성 기준치가 얼마나 중요한지를 보여준다. 레몬즙 한 방울은 시끄럽고 요란한 파티와 새로운 사람 스무 명을 만나는 것에 비할 바가 아니다. 이런 상황은 내향적인 사람을 더 허둥지둥하게 만든다. 외향적인 사람이 거의 느끼지 못하는 부분을 내향적인 사람은 몇 배나 더 강하게 느끼기 때문이다.

파티에 참석한 내향적인 사람과 외향적인 사람을 떠올려보자. 내향적인 사람은 가볍게 대화를 나누는 것만으로도 엄청난 영향을 받는다. 기본 각성 수준이 이미 높기 때문이다. 여기서도 레몬즙 실험에서와 같은 원리가 적용된다. 외향적인 사람은 반응하기까지 더 큰 자극제가 필요하기에 내향적인 사람과 같은 양의 침이 분비되려면 더 많은 레몬즙이 필요하다.

외향적인 사람을 강철판에, 내향적인 사람을 유리창에 비유할 수도 있다. 강철판보다 유리창이 더 쉽게 깨지는 것처럼 내향적인 사람의 내부 구조는 외향적인 사람보다 훨씬 더 민감하다.

피부터 다르다

과학자들은 기본 각성과 활동 말고도 내향적인 사람과 외향적인 사람 간에 또 다른 차이가 있다는 점도 발견했다. 1999년 데브라 존슨Debra Johnson과 존 S. 위베John S. Wiebe 박사 연구팀은 두 실험 집단의 뇌 혈류량을 PET 스캔으로 살펴봤다. 이들은 피실험자들에게 어떤 지침도 주지 않고 사고 과정을 그대로 살폈다.

내향적인 사람과 외향적인 사람 모두 동일한 뇌 혈류량을 보였지만, 구역별로 차이가 났다. 내향적인 사람은 사건을 기억하고 계획을 세우고 문제 해결 능력을 담당하는 전두엽과 전방시상에서 다른 곳보다 더 많은 혈류량을 보였다. 이 말은 곧 뇌가 안으로 작용하도록 설계되어 있기에 다른 사람과 소통하는 것보다 혼자서 생각하는 것을 선호한다는 의미다. 이 뇌 활동은 내향적인 사람의 전형적인 행동 특성을 잘 보여준다.

외향적인 사람은 감각 데이터를 해석하는 부분인 전방 대상회, 측두엽, 후시상에서 혈류량이 많았다. 그리고 행동 습성을 담당하는 뇌 영역의 혈류량이 적었는데, 이는 주위 환경과 인물의 활동에 초점을 두고 스스로를 제약하거나 차단하지 않는다는 뜻이다. 외향적인 사람의 뇌는 각성 기준치를 높이는 활동에 엄청난 영향을 받도록 설계됐다. 그 덕분에 사교성이 좋고 누구와도 쉽게 이야기를 나눌 수 있는 것이다. 외향적인 사람은 밖에, 내향적인 사람은 안에 초점을 둔다.

연구를 통해 얻은 모든 정보는 내향적인 사람과 외향적인 사람의 분명한 차이를 보여준다. 주변을 둘러보면, 좀 더 강렬한 자극을 찾기 위해 외부에 과도하게 노출되는 것을 전혀 두려워하지 않는 사람이 한 명쯤은 있을 것이다. 또한 조심성이 많고 감정적이 되지 않도록 노력하며 행동에 옮기기 전에 두 번씩 생각하는 사람도 있을 것이다. 전형적인 관점에서 보자면 누가 내향적이고 누가 외향적인지 대번에 알 수 있을 것이다.

두 성격 유형은 기본적으로 시각과 관점이 다르다. 그래서 같은 자극도 다르게 본다. 외향적인 사람은 집에서 파티를 여는 게 너무나 좋은 반면, 내향적인 사람은 피자를 시켜놓고 홀로 비디오 게임을 하는 저녁이 즐겁다. 상황을 뒤집어 적용해보면 완전히 다른 영향을 받는다. 두 활동 모두 정상적인 일이지만, 누군가는 즐기고 다른 누군가는 그러지 않는다. 뇌 화학작용의 차이에 관한 연구를 살펴보면 왜 외향성이 정상의 기준이 아닌지를 이해할 수 있다.

생물학적으로 정상이란 생물학과 생리학이 결정한다. 그런데 어찌 된 일인지 내향성과 외향성의 문제에서는 그 정상 기준을 정하는 행위를 사회가 독식하게 됐다. 이 장을 통해 '정상'이란 주관적인 것이며, 모두에게 같지 않을 수 있다는 점을 잘 알게 됐으리라 생각한다.

주목받고 싶어 하는 사람도 있고 그런 걸 싫어하는 사람도 있다. 초등학교 교실을 떠올려보자. 답을 알든 모르든 무조건 손을 들고 대답하려는 아이가 있다. 자길 지목해달라고 자리에서 일어나 팔을 흔들어댄다. 이런 아이는 분위기 메이커로 인기가 높은, 활달한 성격으로 분류된다. 반대로 아주 조용한 아이도 있다. 선생님이 이름을 부르면 얼굴이 새빨개진다. 이런 아이는 부끄럼이 많고 책만 보는, 조용하고 똑똑한 아이로 분류된다. 이런 식으로 활달한 아이는 외향적인 사람이, 부끄럼 많은 아이는 내향적인 사람이 된다.

사람들은 종종 아이의 성격은 유전이라고 말한다. 이 말은 곧 아이가 태생적으로 수줍음이 많거나 그렇지 않다는 뜻이다. 내향성과 외향성은 뇌의 화학작용에 상당히 의존하기에 일리가 있는 말이다. 뇌의 화학작용이 개인 간의 차이를 만들기는 한다. 다만, 외향적인 사람이 내향적인 사람보다 더 뛰어나다거나 그 반대라거나 하는 건 과학적으로 아무런 근거가 없다. 사회가 제대로 돌아가려면 두 성향 모두 필요하다. 세상의 모든 사람의 성향이 하나라고 생각해보라. 정말 끔찍할 것이다. 물론 뇌 화학작용의 차이가 개인의 차이를 만들기에 그로 인한 장점과 단점이 달라지는 건 사실이다. 그렇다고 그 화학적 차이가 공상과학 영화에서처럼 슈퍼히어로나 악당을 만드는 것은 아니다. 중요한 것은 뇌 화학작용을 어떻게 활용하느냐에 달려 있다.

성격 유형에 따른 화학 반응

사람의 뇌는 무수히 많은 화학물질로 채워져 있는데, 내향성과 외향성을 구분하는 데 중요한 역할을 하는 것은 신경전달물질인 도파민이다. 도파민은 외향적인 사람과 내향적인 사람에게 각기 다른 방식으로 생성되고, 작용하는 방식에서도 차이가 난다. 이 물질이 어떻게 작용하는지 제대로 이해하면, 자신을 더 잘 파악하고 인간관계에서 어려움을 덜 겪을 수 있다.

도파민의 작용에 앞서 도파민이 무엇인가부터 알아보자. 도파민은 모든 사람의 뇌에서 분비되는 신경전달물질로, 뉴런과 시냅스를 통해 뇌 곳곳으로 확산된다. 뇌 속의 화학물질은 신체 반응을 만들어내는 데 도움을 준다. 한 뉴런이 다른 뉴런으로 도파민을 방출하면 도파민이 시냅스를 타고 이동한다.

뇌의 시냅스를 각 뉴런을 연결하는 고속도로라고 생각하면 쉽게 이해할 수 있다. 시냅스가 뉴런으로 화학물질을 전달하는 역할을 한다. 듣기에는 간단한 과정처럼 느껴지지만 사람의 뇌 속에는 셀 수 없이 많은 뉴런이 끊임없이 작용하고 있다. 각기 다른 화학물질이 매초 방출되어 사람이 하루를 살아갈 수 있도록 돕는다.

도파민은 어떤 뉴런에서 파생되어 어떤 뉴런으로 가는지에 따라 미치는 영향이 달라진다. 또한 도파민 수용체 다섯 가지 중 어떤 종류가 도파민을 모아 다른 뉴런으로 보내는지에 따라서도 달라진다. 이 과정이 진행되면서 차츰 복잡해진다. 도파민은 섹스를 하거나, 마약을 하거나, 로큰롤을 들을 때 방출된다. 예상하는 보상에 대한 반응으로 방출되는 것이다. 예컨대 눈앞에 커다란 초콜릿 케이크가 놓여 있을 때 도파민이 방출된다. 새로 남자친구를 사귈 생각에 신이 난다면? 이때도 도파민에 신호가 간다. 도파민은 쾌락 및 쾌락에 대한 갈망과 결합하며, 일어나는 일이 즐거운 것이라는 사실을 뇌가 인식했을 때만 분비된다.

이게 다 무슨 의미일까? 쉽게 말하면 도파민은 즐거움의 신호이고 다양한 상황에 따라 생성·전파되는 화학 반응이며 개인의 특성에 따라 다른 영향을 받고 작용 과정도 달라진다는 뜻이다.

도파민을 갈망하는 외향적인 사람

뇌과학자 제이슨 코프먼Jason Kaufman의 연구에 따르면 외향적인 사람은 내향적인 사람에 비해 도파민에 덜 민감하다. 다시 말해 외향적인 사람이 효과를 느끼려면 내향적인 사람보다 더 많은 양의 도파민이 필요하다. 충분한 도파민을 얻으려면 그만큼 더 많은 활동을 해야 한다. 그래서 무뎌진 감각을 깨워줄 자극을 끊임없이 찾는 것이다.

이런 이유로 외향적인 사람이 파티나 교실의 주인공이 된다. 심지어 위험한 짓을 하기도 하는데 스카이다이

빙, 번지점프와 같은 극한 도전을 통해 뇌에서 분비되는 도파민을 극대화하려는 것일 수도 있다. 반대로 내향적인 사람은 도파민에 더 민감하다. 즐거움을 느낄 정도의 도파민을 얻기 위해 많은 사람의 관심을 끌거나 위험을 감수할 필요가 없다. 혼자 조용히 있는 것만으로도 도파민을 충분히 얻을 수 있기 때문이다. 오히려 도파민이 분비되면서 감정에 휩쓸리는 것을 피하기 위해서 스스로를 격리한다.

내향적인 사람이 도파민에서 벗어나려고 하는 반면, 외향적인 사람은 도파민을 더 얻으려고 애쓴다. 그렇다고 모든 외향적인 사람이 위험한 행동을 마다하지 않으며 모든 내향적인 사람이 안주하려 한다는 의미는 아니다. 앞서 설명한 것처럼 한 개인은 어떤 면에서는 외향적이지만 다른 면에서는 내향적일 수 있다. 외향적인 사람 중에서도 주목받고자 하는 열망은 강하지만 위험을 무릅쓰는 일은 싫어하는 사람도 있다. 마찬가지로 혼자 있는 것을 싫어하고 친한 사람들과의 소모임을 즐기는 내향적인 사람도 있다.

레이니Laney의 다른 연구 결과를 보면, 도파민에 대한 민감도의 차이는 각 개인이 지닌 도파민 수용체의 수 때문이기도 하다는 사실을 알 수 있다. 이 연구 결과는 왜 한 개인이 100퍼센트 외향적이거나 내향적이지 않고 그 중간 어딘가에 있는지를 설명해준다. 수용체 수의 차이는 개인이 얼마나 민감하고 어느 정도의 자극이 필요한지 정확히 보여준다.

기본적으로 외향적인 사람이 행복하다고 느끼는 데 필요한 도파민의 양은 내향적인 사람보다 더 많다. 외향적인 사람은 도파민을 충분히 방출할 수 있도록 주목을 끌고, 인맥을 넓히고, 자극을 주는 활동을 찾는다. 내향적인 사람은 정반대다. 도파민이 너무 많이 분비되면 압도당한 기분과 불안감을 느낀다. 그래서 도파민 수용체에 휘둘리지 않기 위해 조용한 시간을 필요로 한다.

아세틸콜린을 갈망하는 내향적인 사람

이제 막 잠에서 깼다고 상상해보자. 주방으로 가서 차 한

잔을 마신다. 한 모금 넘기니 속이 따뜻해진다. 기분이 편안해지고 잠이 깨면서 만족감이 느껴진다. 신경전달물질인 아세틸콜린acetylcholine이 분비될 때 이런 기분이 든다. 아세틸콜린은 아드레날린과 정반대다. 아드레날린이 방출되면 신체는 전투 모드로 바뀐다. 감각이 극도로 긴장하고 심장 박동이 최고치를 찍으며 뭐든 걸리기만 하면 가만두지 않겠다는 태세가 된다. 자칫 잘못 발현되면 폭력적인 사태가 발생하기도 한다.

아세틸콜린은 우리를 전투 모드에서 해방시켜주는 신경전달물질이다. 삶을 위협하는 전투와 도피가 끝나면, 아세틸콜린이 상쾌한 바람처럼 마음을 안정시키고 신체 기능이 정상으로 돌아가도록 돕는다. 아세틸콜린은 중추신경계에서 즐거움과 보상을 결합하는 역할을 하지만, 도파민이 보내는 보상 신호와는 유형이 다르다. 아세틸콜린은 자신을 들여다볼 때 기분이 좋아지게 하고 전체가 아니라 소수의 사람과 일부 문제에 집중할 수 있게 해준다. 그래서 편안하게 있을 때 기분이 좋아진다.

그러니 당연하게도, 내향적인 사람이 가장 즐기는 활

동은 아세틸콜린의 효과를 높여주는 행위다. 차분하고 정적이며 머리를 많이 쓰는 활동에 참여하면 아세틸콜린이 방출된다. 제일 좋아하는 커피숍에서 좋아하는 음악을 듣고 있을 때 즐거운 기분이 든다면, 이것은 도파민이 아니라 아세틸콜린이 분비되어 생긴 결과다.

내향적인 사람의 뇌는 아세틸콜린을 분비하면서 혈류량이 증가하는 반면, 외향적인 사람은 도파민을 통해 혈류량이 높아진다. 또한 도파민의 경로는 아세틸콜린의 경로보다 더 짧다. 이는 도파민과 아세틸콜린을 분비했을 때 외향적인 사람이 더 빨리 더 큰 만족을 얻는다는 것을 의미한다. 이렇게 신속하게 강력한 행복을 충전할 수 있는데 다른 것을 찾으려고 하겠는가? 그래서 외향적인 사람은 도파민을 얻을 수 있는 행동에 관여하고, 그것을 우리는 전형적인 외향적 행동으로 인식한다.

내향적인 사람은 가장 큰 보상으로 느끼는 아세틸콜린을 갈망하기에 이것이 그들의 전형적인 행동으로 인식된다. 물론 외향적인 사람도 자신을 들여다보고 깊은 생각에 잠길 수 있긴 하지만, 아세틸콜린이 가져다주는 쾌감은 도파민의 그것에 비할 바가 못 된다. 바로 이 점이 둘 사이에 매우 다른 행동 양식의 토대가 된다는 것을 짐작할 수 있다.

외향적인 사람은 자극의 공격이 아무리 거세도 끄떡없다. 오히려 자극을 더 활성화하여 도파민을 방출한다. 수용체가 민감하지 않기에 감각을 느끼려면 많은 수의 수용체가 필요하다. 더 많은 도파민을 분비할수록 기분이 더 좋아지므로 이들에겐 도파민 분비를 위한 화학적 보청기가 필요하다. 스펙트럼의 반대에 자리한 내향적인 사람에게는 화학적 귀마개가 필요하다. 내향적인 사람의 도파민 수용체는 커다란 스피커 주위에 있다. 그래서 조그만 소리도 엄청 크게 듣는다.

이는 곧 사회적 배터리 개념과 직결된다. 외향적인 사람은 주변 사람을 통해 배터리를 충전한다. 도파민이 그들의 배터리를 채워주는 것이다. 내향적인 사람은 홀로 배터리를 충전한다. 도파민을 얻게 되면 사회적 배터리에 과부하가 오기에 아세틸콜린으로 보상을 받아야 한다. 내향적인 사람이 행복하고 충만한 기분을 느끼려면 뇌에서 분비되는 도파민을 줄이기만 하면 된다. 그렇게 함으로써 해야 할 일이나 만날 사람을 선택하고 차분히 궁극적으로 위안을 얻을 수 있다.

이처럼 보상 경로가 다르다는 사실은 무엇을 의미할까? 당연하게도, 성향에 따라 행동 방식이 달라져야 함을 뜻한다. 당신이 만약 내향적이라면 도파민 민감도가 높아 사회적 상황에 엄청나게 민감하다는 사실을 알게 됐을 것이다. 눈을 가리고 귀를 막으면 도움이 되겠지만 이것이 늘 최선의 수단이 되지는 못한다.

선별적으로 사회적 소통을 하고, 당신을 진짜 지치게 하는 것이 무엇인지를 찾아보자. 혼자 있는 시간을 통해 재충전을 하고 따뜻한 아세틸콜린의 햇살을 즐기면 행복감이 느껴질 것이다. 외향적인 사람을 따라 하려고 애쓸 필요는 없다. 애초에 그렇게 해서 행복을 느끼도록 설계되지 않았다. 당신이 만약 외향적이라면 최대한 많은 사회활동에 참여해보자. 새 친구를 사귀고 재미있는 일을 계획하며 위험도 무릅써보자. 키를 잡은 사람은 자신이니 배터리를 최대로 충전하면 된다.

내향적인 사람과 외향적인 사람은 화학물질의 차이 탓에 생긴다. 선호나 성격의 문제가 아니라 우리의 두뇌가 그렇게 프로그램된 것이다. 하지만 중요한 것은 우리의 태생적인 하드웨어와 호환되는 후천적인 소프트웨어라는 사실을 잊으면 안 된다.

제5장

다른 성향끼리의 연애 그리고 섹스

Do Opposites Attract or Attack

내향적이거나 외향적인 행동에서 많은 사람이 가장 흥미로워하는 부분은 무엇일까? 아마도 사랑과 애정 관계에 어떤 영향을 미치는가 하는 점일 것이다. 사실 이는 인간의 성격적 특성을 탐구하는 데 가장 흥미롭고 매력적인 부분이 아닐 수 없다.

자신과 반대되는 성향이 매력적으로 느껴질까, 아니면 같은 성향끼리 뭉치는 것이 좋다고 느껴질까? 다시 말해 성격이 비슷한 사람과 데이트를 하는 편이 좋을까, 아니면 관점과 라이프스타일이 다른 사람을 만나 장점을 얻는 것이 좋을까? 이 부분에 관해 학문적인 정의가 제대로 내려져 있을까? 아니면 이 장에서는 그저 가정과 논리를 바탕으로 분석하게 될까? 대답은 '둘 다'라고 할 수 있다.

우리가 정말 알고 싶은 것은 어떤 시나리오가 가장 성공적이고 행복을 느낄 가능성이 크며, 어떤 것이 가장 힘들고 불만을 가져다줄 것이냐다. 나로선 우리의 애정사가 전자에 해당하기를 바란다.

강아지와 고양이의 연애

외향적인 사람과 내향적인 사람이 연애를 할 때 보이는 두드러진 차이에서 한 가지 공통된 딜레마를 발견할 수 있다. 외향적인 사람은 외출을 해서 사회적 배터리를 충전해야 하는데, 이는 집에서 편하게 조용히 있으면서 에너지를 충전하길 바라는 내향적인 사람에게는 달갑지 않은 일이다. 또한 외향적인 사람은 내향적인 파트너와 꾸준히 소통하고 함께 시간을 보내고 싶어 하는데, 상대는 간간이 혼자 있을 시간을 필요로 한다. 늘 쾌활한 강아지와 변덕스러운 고양이의 차이를 떠올려보면 쉽게 수긍이 갈 것이다.

이런 반대되는 관점이 연인이 시간을 보내는 방식에 큰 영향을 미치므로 더 자세히 살펴볼 필요가 있다. 우선 서로의 한계와 동기에 관해 아는 것이 중요하다. 외향적인 사람은 내향적인 파트너와 함께 텔레비전을 보거나 식사를 할 때 전혀 대화를 나누지 않고 같이 얼마나 있을 수 있을까? 그리고 내향적인 사람은 파트너와 나가 놀 때 적어도 어느 정도면 기운이 빠지거나 불안해지지 않을까?

앞 장에서 우리는 내향적인 사람이라도 외향적인 행동 특성을 보임으로써 행복한 기분을 증대시킬 수 있다는 점을 살펴봤다. 즉, 웬만한 사교 활동에 단순히 '참석'하는 것만으로도 동기부여가 되는 내향적인 사람은 외향적인 파트너와 이런 경험을 함께함으로써 서로에게 득이 될 수 있다.

내향적인 사람은 사랑하는 사람 또는 호감이 있는 상

대와 시간을 더 많이 보내게 되면, 외출을 해야 하는 동기가 커지면서도 사회적 배터리가 닳는 소통을 줄일 수 있다. 외향적인 파트너가 사교 활동의 전면에 나서 자신에게로 오는 불편한 시선을 막아주어 편안함과 안정감을 제공하기에 내향적인 사람은 평소보다 사회활동에서 한층 느긋하고 자신감을 얻을 수 있다. 이런 경우 외향적인 사람은 필요한 사회적 에너지를 얻고, 내향적인 사람은 평소보다 더 긍정적인 기분으로 소통할 수 있다. 그 반대 시나리오도 상호 간에 도움이 된다. 즉, 내향적인 파트너 쪽에 맞춰주기로 했다면, 외향적인 사람은 자신만의 시간을 가지며 집중할 수 있다. 이것이 서로에게 득이 되는 전략이다.

서로 다른 특성을 지닌 관계에서 내향적인 사람이 보다 외향적이 되거나 외향적인 사람이 보다 내향적이 되어야만 성공할 수 있다고 말하는 게 아니다. 사실 한쪽으로 치우친 타협은 결국 부정적인 결과를 가져오게 된다. 중요한 것은 균형이다. 제대로 균형을 잡으면 내향적인 사람은 에너지를 충전할 충분한 시간을 얻고, 외향적인 사람 역시 충분한 사회적 소통을 할 수 있어서 아무도 상처받지 않는다. 이것이 연애 관계에서 가장 중요한 부분이다. 다만, 그렇게 되기 위해서는 내향적인 쪽이 더 많은 노력을 해야 한다.

무엇보다도 두 당사자가 서로의 필요를 이해하고 자신의 이해와 일치하지 않는다고 섭섭해서는 안 된다. 내향적인 사람이 외향적인 파트너의 회사 파티에 참석하기 싫어하는 것은 외향적인 사람이 집에 틀어박혀 영화나 보기를 싫어하는 것과 같은 이치다. "널 사랑해. 하지만 지금 널 보고 싶지 않아서 그런 거고, 우리는 아무 문제 없어." 이렇게 대놓고 말하진 않겠지만, 이것이야말로 둘 사이를 움직이는 방식이다. 두 사람 모두 상대의 기분을 상하게 하지 않으면서 자신의 사회적 필요를 충족시켜야 한다.

말로는 쉽게 들리겠지만, 다른 성향의 사람을 이해하는 일은 그리 쉽지 않다. 그러므로 언제 서로를 받아들이고 언제 자신에게 집중할 것인지 기준을 정해야 한다. 건강한 균형을 찾는 가장 좋은 방법은 두 사람의 목표를 모두 충족하는 활동에 참여하는 것이다. 내향적인 사람은 북적거리는 클럽에서 시간을 보내는 것을 그리 좋아하지 않고, 외향적인 사람은 사회적으로 소통할 거리나 자극이 없는 상황에서 지루함을 느낀다. 그 중간이 되는 부분은 어디일까?

함께 상점을 돌아다니거나, 여행을 하거나, 비디오게임을 하거나, 집에서 영화를 보지 않고 극장에 가거나, 다른 흥미를 찾는 등 서로가 한 공간에 있는 상태를 즐길 수 있는 놀 거리를 찾는 것이 적절한 타협점이라고 할 수 있다. 내향적-외향적 커플이 서로의 필요를 충족하면서 시간을 보낼 수 있는 일은 아주 많다. 그리고 이처럼 타협점을 찾은 활동이 서로를 보완해주는 사례도 종종 볼 수 있다. 여행을 예로 들어 살펴보자.

연인 관계에 있는 내향적인 사람은 여행의 구체적인 부분을 미리 계획하기를 좋아한다. 적당한 가격의 비행기 표를 찾고 제대로 된 숙소를 찾기 위해 후기를 꼼꼼히 보는 등 말이다. 외향적인 쪽은 목적지에 도착했을 때 내향적인 파트너의 걱정을 덜어주면 된다. 택시 기사와 가볍게 이야기를 나누어 분위기를 편하게 하거나, 여행지의 정보를 얻기 위해 낯모르는 사람에게 말을 거는 등 방법은 다양하다.

이렇게 하면 여행의 경험이 두 사람 모두에게 더 좋은 것이 된다. 각자 좋아하는 것을 하는 데 더 많은 시간을 보내면서, 평소라면 달가워하지 않았을 활동에도 상대를 위해 기꺼이 참여해주는 것이다. 열린 마음을 가지되 자신이 편안함을 느낄 공간도 남겨두는 것이 관계에서 가장 큰 이득을 얻는 행위다. 파트너와 함께 시간을 보내며 상대에 대해 배워나가면 스스로를 발전시킬 새로운 아이디어와 사고방식을 얻을 수 있기에 서로에게 큰 도움이 된다.

이런 방식으로 반대되는 성향의 사람과 관계를 맺으면 두 파트너 모두의 이익을 극대화할 수 있다. 많은 성격 특성을 공유하면 관계를 더 쉽게 구축할 수 있는데, 이것이 인생을 더 흥미롭고 가치 있게 만들어줄 것이다. 때로는 힘도 들고 지속적인 노력이 필요하겠지만, 공유하는 영역이 넓을수록 힘든 상황을 더 잘 헤쳐나갈 수 있다.

전반적으로 상호 보완적인 파트너는 상대가 제일 잘하는 것을 할 수 있게 해주면서 싫어하는 것에 대한 걱정을 줄여준다. 서로 죽일 듯이 싸우지만 않는다면 최적의 조합이 될 수 있다.

애정을 갈구하는 방식

내향적인 사람과 외향적인 사람을 구분하는 또 다른 기준은 스트레스와 부정적인 감정을 다스리는 방식에 있다. 레슬리 베르호프스타트 Lesley Verhofstadt의 2007년 연구에 따르면 내향적인 사람은 스트레스를 받았을 때 사회적 도움을 추구하지 않는 성향을 보였다. 그래서 내향적인 사람은 파트너에게 위로가 필요한 상황에서 그 역할을 제대로 해주지 않는다. 이는 위로가 필요하다는 것 자체를 이해하지 못하거나 그런 감정 표현에 서툴러서이거나 둘 다일 수 있다.

그렇지만 베르호프스타트의 연구 결과는 이런 가정을 완전히 뒷받침해주지 못한다. 부부 사이일 경우 개인의 성향 차이라기보다는 관계의 질에 달렸다고 보는 편이 더 타당하다. 이 연구는 내향적인 사람은 외향적인 사람과 비슷한 정도로 타인에게 도움을 주지만, 자신에게 도움이 필요할 때는 그런 요구를 적게 한다고 말한다. 내향적인 사람은 긍정적이든 부정적이든 속으로 생각하는 경향이 강하다. 따라서 불필요한 만남을 줄여서 부정적인 감정이 생기는 것을 줄이거나 속으로 삭이거나 사회적 배터리가 닳지 않도록 조심하는 것이다.

외향적인 사람은 솔직한 대화가 필요하다고 생각될 때 좀 더 파고들어 내향적인 배우자를 이끈다. 이 과정은 두 당사자 모두에게 불편한 일인데, 특히 외향적인 사람이 충돌을 피하려는 성향이 있을 때 더욱 그렇다. 소통이 필요하다고 해서 모든 것을 소통해야 한다는 뜻은 아니라는 점을 명심해야 한다.

내향적인 사람은 대부분 감정을 속으로 삭이고 자신의 문제는 지극히 사적인 것이라고 여기며 다른 사람들 역시 타인의 사적인 문제에 대해 신경 쓰거나 알려고 하지 않는다고 생각한다. 또한 남과 이야기로 풀려는 생각만 해도 너무 피곤해서 속에만 담아두려고 한다. 외향적인 사람은 위로를 받고 터놓고 이야기하고 싶은 마음에 자신이 바라는 것을 지속적으로 말한다. 그러나 이때 파트너가 어떻게 반응하는지 살펴보고, 그다지 소통하고 싶어 하지 않는 듯하면 계속 조르지 않는 편이 건강한 관계를 유지하는 비결이다. 2010년 호주의 심리학자 존 말로프John Malouff와 연구진은 3,900명에 달하는 피실험자를 대상으로 이성 파트너와의 애정 관계 만족도와 성향에 관해 조사했다.

이 연구에 따르면 내향적인 사람은 외향적인 사람보다 만족도가 낮았다. 내향적인 사람이 내향적인 파트너를 만났을 때 성격 유형과 행복 사이의 상관관계를 높일 가능성이 크다는 것을 전제로 했을 때도 마찬가지였다. 연구 결과에 따르면 내향성이나 외향성이 파트너에 대한 만족감에 영향을 미친다는 점을 알 수 있다. 성실성, 신경증, 새로운 것을 받아들이는 정도 등의 특성에서 내향성-외향성을 분리하는 것은 기본적으로 불가능하다.

그러나 외향적인 사람이 애정 관계에서 내향적인 사

람보다 더 행복을 느끼는 것은 확실해 보인다. 그렇지만 외부와 단절된 상태에서 한 가지 성격 특질만 살피는 것은 불가능하기에 이 결과가 얼마나 타당한지에 의구심을 가져야 마땅하다. 특히 연구 결과는 내향적인 사람이 더 행복한 관계를 추구하도록 권장하지도 않는다. 실제로 행복한 관계를 추구한다는 것이 외향적으로 타고난 사람보다 내향적인 사람에게 더 힘든 과제가 되겠지만, 그렇다고 해도 완전히 불가능한 목표는 아니다.

이 연구에서는 또한 자신과 성향이 비슷한 사람과 만나는 것이 관계를 유지하기가 더 수월하다고 알려준다. 비슷한 점이 많을수록 상호 간의 이해와 교감이 커진다는 의미일 것이다. 하지만 자신에게 한번 물어보자. 연애를 통해 얻고 싶은 것이 무엇인가? 엄청 공을 들이지 않고 자연스럽게 관계가 생겨난다면 물론 좋을 것이다. 하지만 성향이 극명하게 다른 사람과의 관계 역시 비슷한 성향끼리의 관계만큼 개인적으로 성장하고 배울 기회가 많지 않을까?

결국 이론상 이상적인 결합은 우리가 현실에서 가장

끌리는 상대를 찾을 때와는 동떨어지므로, 성격이 잘 맞는 상대가 주는 장점이 분명 있다는 점을 위안으로 삼아야 한다.

섹스

섹스를 논하지 않고서는 사랑과 애정 관계에 대해 제대로 알기 어렵다. 섹스는 내향적-외향적 성격 또는 그 외 성격 특징과 상관없이 인간의 행동을 움직이는 기본적인 요소이며, 관계의 성공과 실패를 좌우하는 데 매우 중요한 역할을 한다. 독일에서 대학생들을 대상으로 아이젱크 성격 검사 EPI: Eysenck Personality Inventory로 불리는 기본 성격 유형 검사를 대규모로 실시한 적이 있다. 이 검사에서는 참가자들을 성격 유형별로 분류한 뒤 성생활에 대해 물었다.

외향적인 남성은 한 달 평균 5.5회 섹스를 하며, 내향적인 남성은 3회로 더 적었다. 여성도 마찬가지로 나타났다. 외향적인 여성은 한 달 평균 7.5회인 반면, 내향적인 여성은 3.1회에 그쳤다. 이 결과에 대해 논의하기에 앞서 유념할 점이 있다. 이 연구는 피실험자들의 자체 응답으로 이루어졌기에 사람들이 거짓으로 대답했을 가능성을 전혀 배제할 수 없다는 점이다. 즉, 데이터가 정확하지 않을 수도 있다는 얘기다.

외향적인 사람이 횟수를 부풀렸다고 해도, 성별에 따른 외향적인 사람과 내향적인 사람의 차이를 통해 볼 때 외향적인 사람이 내향적인 사람보다 성생활을 더 즐긴다고 보아도 무리가 없다. 따라서 어떤 요인이 외향적인 사람으로 하여금 섹스를 더 많이 하도록 하는지 파악하고, 이 정보를 통해 우리가 얻을 수 있는 결론이 무엇인지 살피는 일이 중요하다.

이 연구 범위만 놓고 보자면 외향적인 사람이 내향적인 사람보다 더 관능적이거나 성욕이 더 높다고 볼 수 있다. 외향적인 사람이 사회활동에 더 적극적이며 사람들과 소통을 많이 하면서 함께할 누군가를 찾는다는 사실에 바탕을 둔다면 충분히 설명할 수 있는 부분이다. 외향성과 관련된 이 모든 행동이 잠재적인 섹스 파트너를 만날 기회를 높여주기에 섹스를 할 가능성 역시 커진다. 외향적인 사람이 스스로를 사회적인 상황에 더 자주 놓기에 그런 상황에 있는 다른 외향적인 사람을 만날 확률도 더 높다. 그러므로 외향적인 사람이 내향적인 사람보다 파트너를 만날 확률이 높으며, 그 파트너 역시 외향적일 가능성이 크기에 더 많은 섹스를 하게 되는 것이다. 이렇게 보면 참 타당하다. 내향적인 사람은 신경증적인 성격이 더 강해서 사회활동에서 불안함이나 긴장을 경험하기에 섹스 횟수가 사회적 요인과 성격에 더 많이 좌우된다는 것을 알 수 있다. 두 가지 사례를 살펴보자.

먼저, 연애를 하고 있는 외향적인 두 사람을 보자. 성욕은 둘 다 비슷하다. 둘 다 서로를 만족시키는 건강한 성생활을 할 확률이 높은데, 왜냐하면 둘 다 자신의 감정과 욕망을 상대에게 터놓고 이야기하는 데 주저함이 없기 때문이다.

그렇다면 비슷한 성욕을 지닌 내향적인 커플은 어떨까? 서로가 원하는 건강한 성생활을 영위할 가능성이 있지만, 그 목표에 도달하기까지 넘어야 할 장애물이 많다.

장애물로는 이런 것들이 있다. 혼자 있는 시간이 더 필요하거나, 사회생활에 지쳐서 섹스를 할 기분이 아니거나, 불만을 상대에게 터놓고 말하지 못해서 섹스할 기분이 아니거나, 서로 자주 이야기를 하지 않아서 혹시 자존감이나 자신감 문제로 이어질까 걱정하거나, 상대가 만족하지 못할까 봐 불안해서 섹스를 할 기분이 아니거나……. 무슨 말인지 알 것이다.

다시 한번 말하지만 그렇다고 내향적인 사람에게 만족스러운 성생활이 불가능한 것은 아니다. 조금 더 노력하고 헌신해서 목표를 이루면 된다. 그렇다면 두 가지 성향을 모두 가진 사람의 연애 관계는 어떨까? 이 성향의 사람은 누구와도 친구가 될 수 있지만, 자유 시간의 90퍼센트 이상을 파트너와 보낸다면 상대의 불편하거나 별난 점을 발견하게 된다. 아무리 행복한 커플이라도 예외일 수 없다. 가끔은 서로가 완벽한 한 쌍이라고 느껴지지만, 상대를 전혀 이해할 수 없다고 느낄 때도 있을 것이다.

궁극적으로 이런 기분은 얼마나 더 성숙해지고 위기

를 극복하고자 하느냐라는, 의지와 능력에 달려 있다. 모든 유형의 관계에서 서로의 성욕이 비슷할 때가 가장 무난하다. 성격 특성과 상관없이 한쪽은 꾸준한 성생활을 원하는데 다른 쪽은 그렇지 않다면, 당연히 문제가 생긴다. 반대로 외향성과 내향성을 모두 가진 커플이고 서로의 성욕이 비슷하다면 솔직한 대화, 새로운 경험에 대한 열린 마음, 자신감, 서로에 대한 편안함 같은 요인이 둘의 성생활 만족도를 결정하는 데 지대한 영향을 끼친다.

제6장

너를 행복하게 하는 것들이
나에게는 어울리지 않을 때

Happiness

 행복의 의미는 사람에 따라 다르다. 누군가에게 행복이란 인생에서 가장 중요한 성취나 목표를 의미한다. 또 누군가에게는 삶을 의미 있게 만들어주는 소소한 순간들을 경험해나가는 여정이다.

 일반적으로 행복은 자족, 즐거움, 기쁨, 만족, 성취, 안녕을 포괄하는 상태나 감정을 의미한다. 대개 한 개인의 기질이 행복의 척도에 주요한 요인이 된다고 생각한다. 매우 안정적이고 꾸준한 감정 상태를 가진 침착한 사람도 있고, 감정이 수시로 왔다 갔다 하는 사람도 있다. 이들 각각은 자신의 기질에 따라 행복을 느끼는 기준이 다르다. 놀랍게도 사회성과 관련한 기질 역시 전반적인 행복에 큰 영향을 미친다.

성격 유형에 따른 삶의 만족도

내향적인 사람과 외향적인 사람이 생각하는 행복에 두드러진 차이가 있을까? 심리학자들은 수년간 많은 연구를 통해 이 추상적인 질문에 대한 답을 찾으려 했고 결과는 대체로 비슷했다. 본격적으로 내용을 살피기에 앞서 직관적으로 보자면, 외향적인 사람이 더 행복하다고 생각할 수 있다.

외향적인 사람은 대인관계에 엄청나게 집중하고 몰두하는 타고난 욕망을 가지고 있다. 그래서 더 활동적이고 자극제를 찾으며 즐거움에 대한 수용력이 크다. 외향적이라고 분류된 사람은 주로 '사교적, 활달함, 수다스러움, 대인관계 우선주의, 긍정적, 즐거움 추구, 열정적'이라는 말로 설명된다. 반면에 내향적인 사람의 특성을 설명하는 전형적인 말로는 '사색적, 냉철함, 활력, 냉담, 일우선주의, 수줍음, 조용함'이 있다.

이 정의로 본다면 외향적인 사람이 행복과 기쁨에 더 가까이 있는 것처럼 보인다. 늘 바깥 활동을 하며 다른 사람과 만나기에 즐거운 경험을 할 기회가 더 많다. 그렇지만 외향적인 사람이 감정을 더 적극적으로 드러내는 반면, 내향적인 사람은 감정을 표출하지 않고 속으로 삭이는 것이 아닐까?

행동심리학을 연구한 과학자들은 개인의 웰빙에 관한 설문 조사에서 외향적인 사람이 내향적인 사람보다 스스로를 더 행복하다고 여긴다는 점을 발견했다. 이런 종류의 연구는 참 유익하지만, 참여자 개인이 직접 답변한 것을 그대로 활용했다는 점을 염두에 두고 살펴봐야 한다. 외향적인 사람은 내향적인 사람보다 스스로를 행복하다고 설명하는 경우가 더 많다는 얘기다.

일반적으로 성격 유형과 관계된 설문조사는 1949년에 처음 이뤄진 이후 널리 활용되고 있는 피스크 D.W. Fiske 의 다섯 가지 핵심 성격 유형에 초점을 맞추고 있다.

- 경험에 대한 개방성(창의적/왕성한 호기심 vs 일관성/조심성)

  경력에 아주 큰 도움이 될 기회가 찾아왔다. 만약 새로운 도시로 이사하고 새로운 사회에 적응해야 한다 하더라도 기꺼이 받아들일 것인가? 또는 주최자 말고는 아는 사람이 아무도 없는 파티에 참석해야 한다면?

- 성실성(능률적/계획적 vs 즉흥적/경솔함)

  인생을 계획하고 조직하는 데 얼마나 시간을 투자하는가? 개인적으로 꾸준히 목표를 정하고 자신을 돌아보는 편인가, 아니면 그냥 자신에 충실하면서 순리에 따르고 나머지는 알아서 해결되도록 놔두는 편인가?

- 외향성(사교적/정력적 vs 고독/내향적)

  사교 활동에서 에너지를 주는 쪽인가, 빼앗는 쪽인가? 외부의 자극을 원하는가, 아니면 스스로를 돌아보고 분석하는 데 더 많은 시간을 보내는가?

- 수용성(상냥함/열정적 vs 도전적/고립적)
  알고 있는 사람 대다수와 잘 지내며 항상 긍정적인 소통을 하길 좋아하는가? 아니면 다른 사람과 무언가를 할 때 대립하는 경우가 많은가? 사회생활을 할 때 따로 떨어져서 감정을 드러내지 않는 편을 선호하는가?

- 신경증(민감함/불안 vs 안정적/자신감)
  다른 사람이 자신을 어떻게 생각하는지에 대해 민감한가? 불편한 사람과 소통하면 불안해지는가, 아니면 어떤 사회적 상황에서도 일반적으로 평정심을 유지하고 자신만만한가?

샌프란시스코 주립대학교의 심리학자인 라이언 하웰Ryan Howell이 이 주제에 관해 한층 깊이 있는 연구를 했다. 학생 754명을 내향적 또는 외향적 성향으로 분류한 다음 성격, 인생의 만족도, 개인적인 기억에 관한 온라인 설문을 했다. 외향적이라고 분류된 사람은 내향적인 사람에 비해 과거의 좋은 기억을 더 많이 회상하고 안 좋은 기억을 대수롭지 않게 생각하는 것으로 나타났다. 게다가 이는 외향적인 사람의 삶에 대한 만족도가 더 크다는 점과도 관련이 있다. 신경증적인 유형일수록 과거를 더 부정적으로 봤는데, 이는 성격 유형과 그로 인한 행복지수에 50퍼센트의 영향을 미쳤다. 이 연구를 통해 어떤 결론을 얻을 수 있을까?

외향적인 사람이 한층 더 행복하고 긍정적으로 사는 능력을 타고난다는 것이다. 구체적으로 말하면 부정적인 감정을 잊어버리는 능력이다. 이들은 안 좋은 기억을 오래 담아두지 않고 긍정적인 것에 초점을 둔다. 항상 더 나은 상황으로 감정을 옮겨갈 수 있는 것이다.

이 방식은 내향적인 사람에게는 매우 낯설다. 이들 역시 남부끄럽거나 트라우마가 될 만한 기억은 잊어버리고 싶어 한다. 하지만 그 기억이 머릿속에 깊이 각인되어 다른 생각을 할 여지가 없다. 이것은 신경증에 걸린 개인이 작은 실수와 부정적인 사회적 반응을 모두 기억해 실제보다 더 기분을 처지게 하는 것과 관계가 있다. 반대로 이런 순간은 내향적인 사람이 대화를 통해서 또는 즉흥적으로 소셜미디어에 글을 올리며 생각을 정리할 때 평정심을 배우고 발전시키는 데 도움을 주기도 한다.

그렇다면 적절한 균형은 어떻게 찾을 수 있을까? 불행히도 쉽게 정의할 수는 없다. 내향적인 사람은 과거의 부정적인 경험을 곱씹는 행위가 현재의 경험에 영향을 미치고 행복해질 기회를 해친다는 점을 인식해야 한다. 실수를 분석하고 배우는 것이 좋은 생각처럼 보이겠지만, 행복해지는 것이 목표라면 그냥 흘러가게 놔두는 편이 더 낫다.

행복의 역치

외향적인 사람의 마음가짐이 더 큰 행복을 얻게 해준다는 연구 결과를 살펴봤는데, 그렇다면 그 행동 양식은 어떨까? 심리학자인 위도 오얼레만스Wido Oerlemans와 아널드 바커Arnold Barker 역시 외향성과 행복의 상관관계에 대해 연구했는데, 이들은 다양한 행동과 사건이 행복에 어떤 영향을 미치는지 집중적으로 살폈다. 연구진은 1,300여명을 대상으로 일상 활동과 기분을 기록하도록 했다. 최종 통계를 내보니 5,600일 동안 1만 4,000개에 육박하는 활동이 기록됐다.

기록 내용을 분석한 결과, 연구진은 외향적인 사람과 내향적인 사람이 행복하다고 느끼는 활동에는 큰 차이가 있다는 점을 알게 됐다. 외향적인 사람은 돈을 벌거나 운동을 하거나 경쟁에서 이기는 등 '보상' 활동에 특히 민감했다. 이런 활동이 사회적 소통과 결합하면 행복의 수준이 한층 높아졌다. 반대로 불안해하고 화를 잘 내는 신경증적인 사람은 자신을 불행하게 하는 처벌과 부정적인 상황에 더 큰 반응을 보였다. 외향적인 사람은 긍정과 행복에 감정적으로 더 영향을 받는 데 반해 내향적인 사람은 부정과 불행에 크게 좌우됐다.

외향적인 사람이 보상에 더 민감하기에 더 행복하다는 이론은 1982년 그레이Gray가 주창했다. 이후 1991년 라센Larsen과 케텔라르Ketelaar가 외향적인 사람이 내향적인 사람보다 긍정적인 상황에 꾸준히 더 강하게 반응한다는 연구 결과를 내놓으면서 이론을 뒷받침했다. 다만 보상과 관련이 없는 '즐거운' 활동, 이를테면 텔레비전을 보거나 단순히 휴식을 취하는 것과 같은 행위는 두 성향 모두에게 행복을 느끼게 해주지 못했다.

결론적으로, 보상이 외향적인 사람은 행복하게 하지만 내향적인 사람을 미소 짓게 하지는 못한다. 외향적인 사람은 아이스크림만 사줘도 기분이 좋아지지만, 내향적인 사람의 기분을 좋게 하려면 적어도 다섯 가지 코스 요리를 대접해야 한다. 이 말은 긍정적인 마음가짐만으로는 내향적인 사람을 움직이지 못한다는 뜻이다.

외향적인 사람은 파티나 클럽에 가서 춤을 추고 사람을 만나는 사회활동이나 그 외 보상 활동에 참석하는 빈도가 더 높다. 이런 사실로 볼 때 내향적인 사람보다 더 자주 행복을 느끼는 것은 당연하다. 반대로 내향적인 사람은 혼자 더 많은 시간을 보내면서 생각을 정리하다가 종종 안 좋은 쪽으로 빠지기도 한다.

헤디Headey의 1985년 연구에 따르면, 인생에서 사랑에 빠지는 것 같은 즐거운 사건을 경험할 확률은 외향적인 쪽이 더 높다고 한다. 운이 아니라 가능성이 더 크다는 뜻이다. 외향적인 사람이 일반적으로 더 많이 소통하고 경험하기에 긍정적인 경험을 할 확률이 높은 것이다.

전투의 8할이 과시라는 말이 있듯, 인생에서 더 행복해지고 싶다면 밖에 나가 무언가를 해보려는 의지를 가져야 한다. 단순히 경험의 비중을 높인다고 해서 모두 긍정적인 경험이 되리라고 보장할 수는 없다. 그렇지만 확률상 그럴 가능성이 크기에 성격 유형과 상관없이 전반적으로 행복을 경험하는 정도가 높아질 것이다.

자신감과 사회적 역량이 부족하다고 느끼거나 더 키우고 싶다면 성격과 상관없이 사회활동을 늘림으로써 연습하고 향상시킬 수 있다. 거절 요법 rejection therapy의 창시자인 제이슨 콤리 Jason Comely의 사례를 살펴보자. 아내가 다른 남자 때문에 자신을 버리고 떠나자 제이슨은 불행해졌고 삶의 의욕을 상실해 바깥출입도 거의 하지 않았다. 하지만 그는 자신의 고립된 생활방식이 상당히 해롭고 거절당할 두려움만 키운다는 사실을 깨달았다.

그래서 제이슨은 어떻게 했을까? 그는 1년 동안 날마다 의식적으로 거절을 당했다. 그렇게 하면서 거절에 대한 두려움을 극복하는 동시에 한층 자신감을 키우고 활달해졌으며, 그 과정에서 행복을 되찾았다. 제이슨의 이야기는 살짝 극단적인 예일 수 있지만, 사회활동에 좀 더 적극적으로 참여하면 자신의 안녕과 행복에 긍정적인 영향을 미칠 수 있다는 점을 제대로 보여준다.

외향적인 마음가짐

좀 더 최근인 2012년에 이뤄진 젤린스키Zelenski, 산토로San-toro, 웰런Whelan의 연구가 가장 흥미로운 관점을 제시했다. 기존 연구에서 언급된 것처럼 이들 역시 외향적인 사고방식이 행복을 더 많이 창출한다는 점을 발견했다. 그러나 여타 연구와 달리 젤린스키 팀은 피실험자에게 성향에 따른 질문을 하거나 그들을 외향적-내향적으로 분류하지 않았다. 대신 피실험자에게 외향적, 내향적인 사람의 전형적인 행동 지침을 따르도록 했다. 이를 통해 두 성격 모두가 외향적으로 행동할 때 더 행복을 느낀다는 점을 발견했다.

그러나 안타깝게도, 이 연구를 자세히 들여다보면 어느 정도는 연구진이 예측한 결과에 맞추도록 설정되어 있다는 점을 발견할 수 있다. 피실험자들은 외향적으로 행동할 때, 대담하고 수다스럽고 활력이 넘치며 활달하고 적극적으로 움직이라는 지침을 받았다. 내향적으로 행동할 때는 조용하고 무기력하고 소극적이며 복종하고 도전을 피하라는 지침을 받았다.

이것은 내향적인 사람에 관한 전형적인 이미지일 뿐 내향적인 성향을 가진 다수를 제대로 설명해주지 못한다. 이 연구에서 제시한 양극단의 성격 유형은 사실이 아니다. 그런 사람도 있겠지만, 세상에 누가 무기력하고 소극적이고 복종하고 도전을 피하며 살고 싶겠는가. 행동 지침과는 대조적으로, 내향적이지만 말이 많은 사람을 주변에서 쉽게 찾을 수 있다. 또한 내향적인 사람이 무언가에 대해 이야기할 때 아주 열정적이며 다른 사람과 마찬가지로 활기가 넘치고 적극적인 모습도 쉽게 볼 수 있다. 따라서 전형적인 행동 지침에 따른 이 실험 결과를 곧이곧대로 믿을 순 없다.

그렇다고 관련 연구를 모두 무시하자는 말은 아니다. 이 장에서 언급한 연구 결과를 하나로 통합해서 볼 때 행복을 추구하려면 어떻게 해야 할까? 외향적인 사람은 있는 그대로 살아가면서 끊임없이 사회활동에 관여해야 한다. 내향적인 사람은 사회활동 빈도를 늘리고 싶지 않다면, 과거를 분석하고 곱씹을 것이 아니라 현재에 충실하고 주변 사람들과 열정적이고 자신감 있게 교류해보자. 그러면 사람들은 당신을 더 잘 알게 되고 당신도 자신을 보여주면서 기분이 좋아질 것이다.

사회가 요구하는 역할을 받아들이는 것도 행복 추구라는 방정식에서 고려해야 하는 또 다른 요소다. 서구 사회는 외향성과 그에 관련된 행동을 내향성보다 높게 보기에 외향적인 사람은 자신이 이상적인 기준에 더 부합한다는 사실만으로도 기분이 좋아질 것이다. 내향적인 사람은 그 반대다. 자신이 바뀌어야 한다고 느끼거나, 심하면 남들에게 외향적으로 보이도록 위장하기도 한다.

외향적인 사람은 행복에서 첨단을 추구하는 것처럼 보인다. 하지만 정말 그렇다고 장담할 수 있을까? 절대 아니다. 수많은 연구 데이터가 피실험자의 자체 응답에 기준을 둔 것이고, 앞선 사례에서 봤듯 가장 현실적이고 의미 있는 결과를 도출할 수 있도록 실험이 객관적으로 설계되지도 않았다. 다만 외향적인 사람의 특정 행동 유형이 행복을 더 많이 느낄 수 있도록 하는 데 도움을 주는 것은 사실이다. 그러나 여기서 알아야 할 사항은 개인의 성격 유형보다는 행동과 처한 상황이 행복에서 더 큰 비중을 차지한다는 점이다.

제7장

성향은 능력이 될 수 있을까

Leadership and Achievement

리더십을 발휘하는 자리에 누가 적합한가를 판단할 때, 외향성과 내향성이라는 주제가 상당한 영향을 미친다. 리더나 관리자가 되는 데는 활달한 성격이 더 적합하다는 생각이 오랫동안 팽배해왔다. 외향적인 사람은 지시를 내리고 회사에 영감을 주는 우두머리로 그려졌다. 자연스럽게 우리는 리더 하면 마틴 루터 킹 주니어Martin Luther King. Jr처럼 사람들에게 영감을 심어주는 인물을 떠올린다.

2009년《산업과 조직 심리학Industrial and Organizational Psycho-logy》저널에 실린 한 논문을 보자. 임상 연구학자인 데니즈 원스Deniz Ones와 스티븐 딜케르트Stephan Dilchert가 기업체 중역을 대상으로 설문조사를 했는데, 리더와 관리자 중 96퍼센트가 외향적인 성격으로 나타났다. 또한 이 조사에서 기업의 리더가 되는 데 내향성이 이점으로 작용한다고 답한 사람은 겨우 6퍼센트에 불과했다.

이런 고정관념이 사실과 부합할까? 우리가 생각하는 리더십은 실제 그런 것이 아니라 그럴 거라는 사고를 토대로 하고 있는 것 아닐까?

21세기인 지금, 철저하게 외향적인 사람이 이상적이고 유일한 리더이던 시대는 이미 지나갔다. 외향성이 리더의 훌륭한 자질일 필요는 없다. 때에 따라 다르다. 지금쯤 당신은 언제 더 외향적이고 언제 더 내향적이어야 하는지 알고 있을 것이다. 자신이 지닌 모든 성격 특성을 잘 살피고, 그 특성이 조직에서 발휘될 때의 장점과 약점을 파악해보자. 그러면 앞으로 닥칠 위기에 더 잘 대처하는 유연한 사람이 될 수 있다.

외향적인 사람이 더 좋은 리더일까?

2010년 애덤 그랜트^{Adam Grant}, 프란체스코 지나^{Francesco Gina}, 데이비드 호프만^{David A. Hofman}이 개인의 성격 유형이 리더십에 미치는 영향을 연구했다. 우선 이들은 대학이 밀집한 도시의 배달 전문 피자 프랜차이즈 130곳을 대상으로 현지 연구를 했다. 그 결과, 외향적인 리더가 내향적인 리더보다 수익 면에서 탁월함을 보였다. 그 이유는 무엇일까?

사업을 할 때 빨리 생각하고 본능적으로 행동하는 사람이 필요한 경우가 있다. 외향적인 리더는 상황을 판단하는 데 주저함이 없다. 이런 유형의 리더는 이 연구에서 설명한 프랜차이즈 업체처럼 요구사항이 많고 상황이 빠르게 바뀌는 업계에 잘 맞다. 바쁜 업무 환경은 숨 돌릴 틈이나 사회적 배터리를 충전할 시간이 없는 압박감이 심한 상황이다. 즉, 외향적인 사람의 영역이다.

외향적인 리더는 의사소통과 속도가 중요하며 스트레스가 많고 공격적인 작업 환경에서 특히 힘을 발휘한다. 게다가 소극적인 동료가 더 열정적으로 일에 임할 수 있도록 돕는다. 외향적인 리더 스스로 열성을 보이기에 자연스럽게 동료들도 그렇게 된다.

흔히 외향적인 리더에 대한 만족도가 더 높을 거라고 생각한다. 그러나 보편적으로 그런 것은 아니다. 앞서 언급한 것처럼 상황에 따라 다르다.

외향적인 리더의 약점 중 하나는 동기부여가 강하게 된 직원을 볼 때 위협감을 느낀다는 것이다. 주도적이고 열심히 일하는 직원이 자신에게 쏠려야 마땅한 관심을 빼앗아 갈 거라고 생각한다. 외향적인 리더는 동기부여가 제대로 되어 있고 준비가 철저한 직원의 사기를 떨어뜨린다. 그로 인해 기업의 분위기가 상명하복식이 되고, 두려움과 좌절감이 팽배해질 수도 있다. 외향적인 리더가 자기주장을 내세우는 것은 좋지만, 바로 그 때문에 직원들이 가지고 있는 새롭고 창의적인 아이디어는 드러나지 못하기도 한다. 효과적인 경영이라는 관점에서 보자면, 외향적인 리더는 집단의 실질적인 생산성을 극대화하는 데 실패한다. 그래서 주의가 산만해지고 심지어 시시콜콜한 것까지 간섭하는 방식으로 이어질 수 있다.

한 은행의 추심팀 부장인 네이트는 외향적인 리더의 좋은 표본이다. 그는 추심팀 직원들에게 인센티브를 주는 현실적인 시스템을 구축했다. 직원들은 매달 목표 금액을 달성하면 인센티브를 받았다. 덕분에 은행이 보유하고 있는 추심 건을 모두 해결할 정도로 성과가 좋았다. 직원들이 목표를 달성할 수 있게 꾸준히 독려한 것이 네이트가 보인 리더십의 큰 장점이다. 그렇지만 그에게도 약점이 있었다. 직원들이 그를 무서워했다는 점이다! 직원들은 복도를 걸어오는 네이트의 발소리가 들리면 컴퓨터 모니터 뒤로 숨었다. 많은 직원이 그 두려움을 이기지 못하고 관두는 통에 이직률이 높아졌다. 은행에선 추심팀에 새 직원을 계속 충원하고 교육을 해야 했기에 결국 손실이 발생했다.

당신이 리더이거나 리더가 될 예정이라고 해보자. 스스로 외향적인 유형이라고 생각하기에 그것이 장점이 되리라고 기대할 수도 있을 것이다. 하지만 외향적인 리더가 됨으로써 발생할 수 있는 어려움에 대해서도 충분히 생각해봤는가?

내향적인 사람이 더 좋은 리더일까?

이어지는 연구에서 그랜트와 학자들은 실험에 참가할 대학생 163명을 모집했다. 학생들은 10분 동안 티셔츠를 최대한 많이 접어야 하는 과제를 받았다. 연구진은 참가자들을 소극적-적극적 유형으로 분류했다. 소극적 집단에는 외향적인 리더를 붙여줬고, 적극적 집단에는 내향적인 리더를 임명했다. 내향적인 리더는 참가자들이 자신만의 독창적인 방식으로 최대한 일을 빨리 끝내도록 조언했다. 연구 결과는 앞선 연구와 완전히 달랐다. 내향적인 리더가 이끄는 적극적 집단이 외향적인 리더가 있는 소극적 집단보다 티셔츠를 28퍼센트나 더 많이 접은 걸로 나왔다.

이 두 번째 연구에서 내향적인 리더는 학생들이 직접 과제를 완수할 수 있도록 장려했다. 그들이 내는 의견에 귀를 기울였고, 그 노력을 높이 산다는 것을 보여줬다. 그럼으로써 참가자들이 임무를 완수할 수 있도록 도운 것이다. 이 연구에서 내향적인 리더는 훌륭한 리더십을 보여줬다. 이처럼 내향적인 리더가 더 나은 결과를 내는 경우가 있는데, 이는 전적으로 주어진 임무와 상황의 맥락에 달려 있다.

내향적인 리더는 같이 일하는 사람이 능력을 최대한 발휘할 수 있도록 돕는다. 그래서 야심이 크고 동기부여가 잘 되어 있으며 결과 주도적인 유형의 직원들과 잘 맞는다. 그들에겐 회사의 목표가 곧 자신의 목표다. 리더와 직원이 합심해서 회사의 이익을 창출해야 하는 상황일 때 이상적인 조합이다. 이때 직원 개인의 만족감과 자긍심도 높아진다. 내향적인 리더는 직원의 말에 귀를 기울이기 때문에 사회적 소통이 훨씬 수월하다. 또한 리더 자신으로서도 듣는 편이 덜 피곤하기에 시간과 에너지를 주어진 업무에 집약할 수 있다.

내향적인 리더는 배터리가 방전되는 상황이 올 때 어려움을 겪는다. '조용한' 시간을 가져야 한다고 느껴지면 본능적으로 사무실로 가서 문을 닫는다. 헤드폰을 끼고 음악을 들을 수도 있다. 이런 상황은 직원들에게 아무 이야기도 듣고 싶지 않다는 신호로 비칠 수 있다. 게다가 그런 일이 사무실 가십거리가 되기라도 하면, 처리해야 하는 일보다 소문에 더 신경을 써야 하는 상황이 생긴다.

대규모 자동차회사 영업부장인 테드는 내향적인 성격으로 유명한 리더다. 그는 영업사원들에게 잠재 고객의 이야기를 듣는 법을 가르쳤다. 자신만의 아이디어를 늘 생각하고 새로운 고객의 예산을 염두에 두라는 점도 알려줬다. 신차 판매량은 테드가 부장이 되기 전보다 세 배나 뛰었다.

그러나 결국 테드 역시 자신의 약점에 발목을 잡히고 말았다. 가끔 그가 어딘가로 사라져 직원들이 그를 필요로 할 때 찾을 수 없었다. 이 일로 사무실에 소문이 많이 생겼다. 직원들은 모이기만 하면 그의 험담을 나누었고, 테드는 일부 직원의 신뢰를 잃고 말았다.

내향적인 사람 역시 자신의 장점을 극대화하고자 노력하는 것이 당연하다. 하지만 그 이전에 자신의 약점이 자신은 물론 직원에게도 영향을 미친다는 점을 알아야 한다. 내향적인 사람이 반복적으로 보이는 특정 성향이 조직의 사기를 꺾고 성과를 갉아먹는다는 사실을 인식하는 것이 중요하다.

2013년 애덤 그랜트는 《사이콜로지컬 사이언스Psycho-logical Science》에 기고한 논문을 통해 또 한 번 유명세를 탔다. 그는 소프트웨어 업체 영업팀장의 사례를 통해 외향성과 내향성이 리더십에 미치는 영향을 연구했다. 이 연구에서 그랜트는 피실험자를 외향성, 내향성, 양향성으로 분류했다. 양향적인 리더는 외향적인 리더십과 내향적인 리더십을 함께 발전시켰다. 연구 결과는 놀라웠다. 내향적인 리더의 실적이 가장 낮았고 외향적인 리더가 조금 더 나았으며, 양향적인 리더가 가장 좋았다!

결론에서 그랜트는 이렇게 썼다. "양향성을 지닌 리더는 외향적이거나 내향적인 리더보다 판매 실적이 크게 높았다. 이런 리더는 이야기를 하고 듣는 패턴을 자연스럽게 바꿀 수 있기에 설득을 할 때도 효과적으로 자기주장을 펼치며 열성을 보이면서도, 고객이 흥미를 나타내는 지점을 집중해서 들어주는 모습을 보였다. 그는 지나치게 흥분하거나 과시하지 않고 균형을 잘 유지했다."

리더에게는 적응력이 필수다. 자기 성향상 편한 쪽에 가만히 서 있는 사람이 되어서는 안 된다. 리더는 반드시

'양향적'이어야 하며 상황에 유연하게 대처하는 태도를 보여야 한다. 《워싱턴 포스트》의 사설에서 비즈니스와 컨설팅 분야를 담당하는 다니엘 핑크Daniel Pink는 "양향적인 리더는 조용하지 않지만 시끄럽지도 않다. 주장하는 법을 알지만 강압적이지 않다"라고 언급했다.

경쟁이 심한 현대 사회에서 부딪히는 모든 도전을 당당하게 받아들일 수 있는가? 외향성과 내향성 중 자신에게 어느 쪽 성향이 강한지 알고, 모든 상황에 유연하게 대처할 용기가 있는가? 성격을 바꾸는 것은 불편한 일이다. 그렇지만 특정한 상황에서 스스로를 바꿈으로써 느낄 만족감을 떠올려보자. 성격을 바꾸고자 적극적으로 나서는 데 도움이 될 것이다.

리더십에는 경청하고, 보살피고, 문제를 해결하고, 직원들의 참여를 독려하는 행위까지 포함된다. 리더는 다른 사람에게 자신의 비전과 나아갈 방향을 분명하게 전함으로써 회사의 생산성을 높여야 한다. 내향적-외향적 리더 모두 업무 분야, 직원들의 흥미와 숙련도, 작업 환경, 직원들의 지지 등이 성패를 가른다.

두 유형의 리더 모두 각자 두드러진 장점과 단점을 지녔다. 양향적인 리더는 한 가지 스펙트럼(외향성)에서 다른 쪽(내향성)으로 옮길 수 있는 능력을 갖췄다. 이상적이긴 하지만, 이 말은 곧 일관성이 없고 상황에 따라 수시로 성향이 바뀌기도 한다는 것을 의미한다. 그로 인해 실수를 저지를 확률도 있다. 다른 성향과 마찬가지로 좋은 점도 있지만 단점일 수도 있는 것이다.

스스로 양향적이라고 생각하는가? 우리는 살면서 외향적인 역할과 내향적인 역할을 모두 해볼 기회가 있다. 사회생활을 하면서 다른 사람을 이끌어야 하는 경우도 생긴다. 그럴 때 스스로를 돌아보고 자신의 업무 방식과 삶에 대해 통찰을 얻어보자. 지금은 물론이고 앞으로도 그렇게 하자는 말이다.

무엇보다도 중요한 것은 '채널을 바꾸는' 능력이다. 이 말은 유연하면서도 조심스럽게 한 성향에서 다른 성향으로 움직여야 한다는 의미다. 우리는 가족과 함께 생활하는 집에서조차 두 가지 역할을 해내야 한다. 예컨대 당신은 자녀에게 자애롭고 편안한 부모이면서, 동시에 규

칙을 잘 지키도록 지도하는 엄한 부모이기도 하지 않은가. 이런 균형과 유연성은 그냥 얻어지는 것이 아니다. 이어지는 장에서 자세히 살펴보자.

제8장

나를 지키면서 세상으로 나아가는 법

Change of Mind

이 장에서는 외향적인 사람에서 내향적인 사람으로 또는 그 반대로 성향을 바꾸는 것이 정말 가능한지 살핀다. 그렇게 될 수 있을까? 충분히 가능하다. 사람들은 심리적, 육체적으로 생존하기 위해 어느 정도 스스로를 바꾸며 진화해왔다. 내향성-외향성의 스펙트럼을 오가며 성격 유형을 바꾸는 능력이 있으면 급변하는 업무 환경에 유연하게 대처할 수 있을뿐더러 가족과 더불어 생활하는 데에도 도움이 된다.

그렇지만 이 말은 맥락에 따라 다른 가면을 쓰고 스스

로의 행동을 바꾸라는 것처럼 들리지, 개인의 고유한 기질과 성향을 완전히 바꾸라는 소리로는 들리지 않는다. 후자가 정말 가능할까? 이 책을 쭉 읽어봐서 알겠지만, 우리는 각자 다른 뇌 구조를 가지고 태어났기에 바꾸기란 분명 힘들어 보인다.

뇌 구조를 바꾼다는 생각은 뇌 가소성brain plasticity의 원리로 요약할 수 있다. 1990년대에 파스칼-레온Paschal-Leone이 뇌 신경망의 변화를 측정하고자 뇌를 스캔하는 실험을 했다. 그는 뇌졸중을 앓고 있는 노인을 대상으로 변화를 관찰했다. 그 피실험자가 정신적 환경 변화에 적응하고자 할 때 새로운 신경이 연결됐다. 새로운 신경망은 뉴런을 돕는 신경아교세포의 활동을 통해 뇌의 연결 부분에서 자주 형성됐다. 새로운 신경망이 자라서 기존의 손상된 망을 대체하는 과정을 '피질 재구성cortical remapping'이라고 한다. 다시 말해, 뇌가 손상되거나 결함이 있는 곳을 보완하기 위해 구조를 바꾸는 작용을 가리킨다. 이 작용이 어떻게 이루어지는지 알려주는 책으로 제프리 슈바르츠Jeffrey Schwartz의 『스스로 바꾸는 뇌The Brain that Changes Itself』가 있다.

그 밖의 연구에서 학자들은 전쟁에 참가했다가 팔다리를 잃은 군인들이 의족과 같은 보조 기구에 적응하고자 뇌의 새로운 신경망을 생성한 사실을 알아냈다. 그뿐 아니라 일반인을 대상으로 머리 쓰는 훈련 프로그램을 실시하고, 그 전후를 비교해보니 비슷한 변화가 발견됐다. 이런 극단적인 사례를 통해 볼 때 뇌가 구조와 행동을 바꿀 가능성이 정말로 존재한다는 사실을 확인할 수 있다. 실제로 심리치료의 목적은 사람들의 삶을 긍정적으로 바꾸도록 돕는 데 있다. 심리학자들은 사람들이 더 나아지고자 의식적으로 스스로를 바꾼다는 점을 안다. 지나치게 내향적인 사람은 자신의 행동을 고침으로써 조금 외향적으로 바뀐다. 지나치게 외향적이고 충동적인 사람 역시 감정이 요동치는 것을 멈추고 적대적인 행동을 억누르고자 자신을 돌아보는 법을 배운다.

몇 년 전 유명한 마이애미극장에서 아마추어 극단이 「제인 에어」라는 연극을 무대에 올렸는데, 모린^{Maureen B.}이라는 여배우가 주인공 역을 맡았다. 모린은 얌전하고 조용하고 느긋한 성품을 지닌 것으로 알려졌다. 그녀는 이전까지 항상 조연만 맡아왔다. 그래서 단장이 모린을 주인공으로 캐스팅하자 극단의 동료 배우들 모두 충격을 받았다. 하지만 모린은 역할을 제대로 해내 관객의 마음을 사로잡았다. 공연이 끝난 뒤 사람들은 눈물을 흘리며 박수갈채를 보냈다. 기립 박수가 이어졌고, 공연은 일주일에서 열흘로 연장됐다. 그녀의 성격이 어떠했든, 이것이 뇌의 가소성 아닐까? 모린은 개인이 자신의 성격과 기질을 바꾼 대표적인 사례일까, 아니면 그저 필요에 따라 새로운 상황에 적응한 것일까?

개인은 모두 고유하다

우리는 복잡하게 이루어진 개인이다. 각자의 다양성과 중요성을 몇 가지 안 되는 종류에 맞춰 정의할 수 없다. 스스로를 수많은 특성이 발현된 독자적인 인물로 봐야 마땅하다.

 2015년 개인의 성격 변화에 관한 연구에서 일리노이

대학교의 네이선 허드슨Nathan Hudson과 크리스토퍼 프레일리Christopher Fraley는 16주짜리 집중 코스를 개설해 성격의 변화에 영향을 미치는 개입을 하고자 했다. 학생들에게 성격의 일부를 고치고 싶은지 물었더니 대부분이 그렇다고 답했다.

코칭과 개입을 한 결과, 변화를 원했던 피실험자 중 다수가 실제로 성격 유형의 한 부분에서 변화를 보였다(새로운 경험에 대한 개방성). 이 기념비적인 실험에서 허드슨과 프레일리는 외향성을 목표 특성으로 설정했다. 피실험자들의 가장 큰 변화는 외향성에서 드러났으며, 이 요인은 통계적으로도 가장 큰 비중을 차지했다.

허드슨과 프레일리가 파악한 것처럼 변화의 핵심은 특정 행동을 바꾸기 위해 특별한 계획을 세우는 데 있다. 단순히 "앞으로 더 활동적이고 사교적으로 되어야지"라고 말하는 것에서 그치지 않고, 날짜를 정해서 잘 모르는 누군가와 대화를 하겠다고 결정하는 식이다. 그리고 그 날짜에 그 사람과 만날 약속을 잡는 것이다.

앞서 언급한 연구에서 장려한 것처럼 바뀌고자 하는

사람의 동기가 그리 크지 않으면 개입을 한다고 해도 성공할 수 없다. 한 개인의 공식적인 프로젝트로 간주하고 내향성-외향성의 변화를 얻어내고자 하는 것이 더 효과적이다.

이렇듯 성격의 변화는 그것을 하나의 프로젝트나 습관으로 보고 열심히 노력할 때만 가능하다. 바라기만 한다고 저절로 이루어지는 것이 아니라 실제 뇌 가소성이 진행될 수 있도록 노력을 해야 한다.

자유 특성 이론

케임브리지대학교 사회발달심리학부의 브라이언 리틀 Brian Little 교수는 다섯 가지 핵심 성격 유형 모델에 대해 일부만 동의한다. 《아카데믹스 매터》 매거진에서 그는 개인이 발전해나가려면 "삶을 형성하는 데 미묘하면서도 강력한 영향을 미치는 '자유 특성'을 높여야 한다"라고 언급했다. 스스로 원한다면 성격과 다르게 행동하도록 바뀔 수 있다는 것이다. 이 자유 특성' 이론 Free Trait Theory

은 왜 내향적인 남편이 외향적인 아내를 위해 엄청난 깜짝 파티를 준비하는지 설명해준다. 우리는 올바른 상황에 있는 한 어떤 특성이든 자유롭게 활용할 수 있다.

자유 특성 이론은 다섯 가지 핵심 성격 유형 이론과 비슷하지만 두드러진 차이도 있다. 리틀 교수는 다섯 가지 성격 이론이 말하는 것처럼 한 사람의 성격이 양육 과정에서 어느 정도 결정된다는 부분에 동의한다. 그는 그 요인을 '생체 요소 biogenic factors'라고 말한다. 그는 어린 시절 경험과 양육 과정이 개인의 성격을 어느 정도 형성한다고 믿지만, 생체 요소에 영향을 끼치는 변형된 새로운 특성이 있다고 지적한다.

리틀 교수는 이를 '특수 생성 요소 idiogenic factors'라고 부른다. 이 요소는 변화에 대한 동기, 그리고 개인의 선택과 관련이 있다. 변화를 갈망할 만큼 현재가 고통스럽거나 변화를 통해 얻을 수 있는 즐거움이 큰 경우 등 충분한 동기를 가졌을 때 우리는 변할 수 있다. 이것이 자유 특성 이론의 가장 중요한 부분으로, 특성은 타당한 동기가 바탕이 될 때 자유롭게 오갈 수 있다. 따라서 변화란 진정으로 뼛속 깊이 원할 때 일어난다. 내향적인 성격을 외향적으로 바꿀 수 있고, 심지어 그 변화는 아주 짧은 시간에도 일어날 수 있다. 내향성-외향성의 기준은 앞서 언급한 '개인적 프로젝트'의 영역에 놓인다. 이 개인적 프로젝트는 행동의 변화를 수반해야 한다. 단순히 사회성을 더 키우겠다는 의도만 가지는 것이 아니라 실제적으로 변화를 차근차근 준비하는 것이다.

한 번에 하나씩 외향적으로 변하는 '연습'을 하면 된다. 몇 년 전에 테레사 수녀가 이런 질문을 받은 적이 있다. "그 많은 나병 환자를 어떻게 다 치료할 건가요?" 수녀는 앞에 있던 한 환자를 가리키며 이렇게 말했다. "한 번에 한 사람씩 치료할 겁니다."

리틀 교수는 또한 누구든 전혀 보여주지 않았던 특성을 드러내고 구체화할 수 있다고 강조한다. 바꾸고 싶다는 동기뿐 아니라 자신이 실제로 바꾸겠다고 분명한 선택을 하는 것이다. 내향적인 사람이 진실로 원하고 그렇게 하기로 선택했다면, 외향적인 사람이 될 수 있다. 그렇지 않다면 바꾸고자 하는 욕망은 그저 공허한 바람에 지나지 않는다. 내향적인 성격에서 외향적으로 바뀌기로 했다 해도 어느 정도 내향적인 특성은 남기 마련인데, 그건 괜찮다. 그것만으로도 기존의 자신과는 다른 사람이 된 것이니까. 친구와 가족이 이렇게 말할지도 모르겠다. "네가 이렇게 변할 줄은 몰랐어!" 그런 변화를 이루고 나면, 내향적인 사람도 강단에 설 수 있다.

바뀌겠다는 동기는 직장에서 성공하고 싶다는 개인의 필요에서 생기기도 한다. 어떤 동기는 아주 강력하고, 또 어떤 동기는 약할 수 있다. 물론 긍정적인 변화를 위해서는 언제나 완급 조절을 잘 해야 한다. 동료가 아주 크게 성공해서 점차 위로 올라가는 모습을 보며, 자기 일에 불안을 느끼거나 아예 무관심해질 수도 있다.

변화는 쉽지 않다. 아마도 대부분은 편안한 현재 위치에 머물고 싶을 것이다. 그렇지만 기존의 습관에 젖은 채 눌러앉아 있으면 앞으로 나아가지 못한다. 결단을 내릴 정도로 충분히 동기가 강하고 능력이 있다면 그렇게 해보자. 그럼으로써 더 나은 사람이 되고, 더 많은 것을 성취할 수 있다. 그러면 행복과 만족도가 상승하게 된다.

스스로에 대한 만족이 커질수록 과거의 자신이 보였던 행동에서 벗어나고자 하는 더 큰 동기가 생긴다. 이때 주저하는 마음은 극복해야 할 장애물이며, 심리적인 스트레스와 불안의 원인이 될 수도 있으니 주의하자.

정서적 성숙

지금도 여전히 진리인 속담이 있다. '나이가 들면 현명해진다.' 세 살 버릇이 여든 가는 시절은 지났다. 오늘날 같은 정보화 시대에는 이런 일을 더 흔히 접하리라 본다. 변화는 우연히 또는 무턱대고 일어나는 것이 아니다. 인간적으로 성숙해지면 자신이 맞서야 할 장벽을 인식하고 두려움을 극복할 수 있다. 그래서 결국 사람이 바뀌는 현상을 목격하게 되는 것이다. 자신이 내향적이라면 보다 외향적으로 바뀔 때 어떤 보상을 얻게 될지 분명히 알 것이다.

사람은 때때로 자신을 드러내길 두려워한다. 어릴 때는 '가만히 있도록' 교육받았다. 그러다가 어른이 되고 나면 그런 행동이 더 안정적인 직장을 얻거나 승진을 하는 데 전혀 도움이 되지 않는다는 사실을 알게 된다. 그러므로 과거의 습관에서 벗어나 자기를 실제로 드러낼 수 있는 흥미롭고 신나는 여정에 올라야 한다. 그러면 성취와 성공에 대한 자신의 열망이 느껴질 것이다.

인생의 여러 단계에서 자신만의 목표를 세워야 한다. 사회적 활동의 기교를 향상시켜줄 지혜를 얻고자 노력하고, 지혜를 얻을 수 있음을 고맙게 생각하자. 다른 사람을 사랑하고 보살피는 것이 얼마나 가치 있는 일인지도 알아보자. 삶을 살피고, 다른 사람의 고유한 아름다움을 발견하며, 무엇보다 자신을 돌아보자. 다른 사람의 애정을 얻겠다는 이기적인 동기가 아니라 새롭게 바뀐 삶이 보여주는 경이로움을 그 길을 함께 걷는 모두와 공유하고 싶다는 마음으로 다른 사람에게 다가가자. 그러면 자신의 인생도 더 좋아진다는 사실을 알게 될 것이다. 이런 동기가 스스로를 강하게 해준다.

모두가 올해는 작년보다 나은 사람이 되고 싶어 한다. 광범위한 연구와 실험을 통해 임상의들이 새로운 문을 열었다. 그 덕에 서른 살이 되면 특정 성격에 '고정'된다는 낡은 믿음은 완전히 깨졌다. 우리의 세상은 정지된 것이 아니다. 인생에서 얼마든지 극적인 변화를 불러일으킬 수 있다.

리더십의 관점에서 보자면 21세기의 직업 세계나 삶이 요구하는 것들은 이전 시대와 다르다. 환경이 바뀌었으니 사람도 그에 맞춰 바뀌고 싶어 한다. 과거의 리더들은 독재적이고 편향적인 성향이 강했다. 게다가 이제 우리는 어린 시절보다 더 똑똑해졌다. 사회의 필수적인 일원이 되고 싶고, 앞서 나가고 싶다. 승진하고 싶고 돈을 더 많이 벌고 싶다. 잠재력을 최대한 활용하고 싶고, 성공을 이뤄 그 기분을 만끽하고 싶다. 당연히 그럴 수 있다. 그저 앞에서 설명한 내용을 숙지해 변화하고자 하는 동기와 의지가 그렇게 해준다는 점을 명심하면 된다.

제9장

혼자 있어도 외롭지 않고
함께해도 상처받지 않으려면

Views on the Spectrum

이 책은 모든 성격 유형에 관해서 알아보는 책이다. 그러나 사람들이 사회생활을 더 잘 하고 친구를 쉽게 사귈 수 있도록 돕고자 하는 책이기도 하다. 따라서 마지막 장에서는 모든 성격 유형과 관계없이 각자의 사회적 배터리를 더 잘 관리하고 어디를 가든 좋은 인상을 남기는 데 유용한 조언을 담았다.

한 예로, 내향적인 사람이 사회적 배터리가 다 닳아버렸는데 사람이 없는 곳으로 도망칠 수 없는 경우에는 어떻게 해야 할까? 참석해야 할 행사가 아직 두 개나 더 남았다면? 이런 경우 전략적인 관리가 중요하다.

조용한 샌드위치 만들기

식빵 대신 조용히 혼자 있는 시간을 재료로 쓴다. 그 사이에는 고기와 치즈 대신 사회적 소통을 넣는다. 아주 큰 규모의 대회에 참석해야 한다면 그날 또는 그 주의 계획을 미리 현명하게 짜두는 편이 좋다. 이 말은 즉, 행사가 있기 전과 행사를 마친 후에 혼자 있을 수 있는 조용한 샌드위치를 만들라는 것이다. 이렇게 하면 배터리를 미리 충전해 다가올 일에 대비할 수 있고, 아주 예의 바른 모습을 보이며 사회생활로 인한 숙취를 견딜 수 있다.

그리고 정해진 시간에 자신을 더욱 빛나게 함으로써 스포트라이트를 제대로 받을 수 있다. 운동선수들이 큰 경기나 시합에 어떻게 대비하는지 생각해보자. 그들은 경기에 앞서 며칠을 쉬고 경기가 끝난 뒤 체력을 보충하기 위해 또 쉰다. 시간에 크게 제약을 받지 않고 사는 사람이라면 행사 전과 후 하루나 이틀 정도를 뺄 수도 있다. 예를 들어 토요일에 큰 행사가 있다면 목, 금, 일, 월에 혼자 있도록 일정을 잡는 것이다.

조용히 보내는 시간은 단순히 시간만 의미하는 것이 아니다. 그 시간을 어떻게 보내느냐도 중요하다. 홀로 시간을 보내자. 도서관에 가도 좋다. 책을 읽거나 좋아하는 무언가를 하며 쉬어야 한다. 방해받지 않고 스스로에게 더 집중할수록 시간의 질도 높아지기에 사회적 배터리를 더 빨리 충전할 수 있다.

자신만의 동굴 찾기

집에 있을 때는 쉽지만 다른 사람과 공공장소에 있을 때는 문제가 커진다. 행사 도중에 또는 백화점에서 쇼핑하다 말고 지쳐서 기운이 다 빠지면 어떻게 해야 할까? 간단하다. 숨을 곳을 찾아서 배터리를 조금 충전하면 된다. 과도한 자극에서 벗어나 몇 분간 안정할 시간을 갖는 거다. 생각만큼 어렵지 않다. 내향적인 사람은 공중화장실에서 충전을 한다는 우스갯소리가 괜히 있는 것이 아니다.

공중 화장실 한 칸에 들어가서 15분 정도 스스로를 수습하며 안정을 찾아보자. 휴대전화를 보거나 그냥 멍하게 있어도 좋다. 어디가 됐든 사람이 거의 또는 전혀 없는 곳을 찾아 들어가는 것이 중요하다. 출구 근처, 복도, 계단 또는 사람들이 보통은 잘 가지 않는 장소도 괜찮다. 도둑질을 하려고 두리번거리는 것처럼 보일 수도 있겠지만, 실은 사회적 배터리를 충전하기 위해 후퇴할 장소를 찾는 거니까.

나이트클럽처럼 힘든 장소에서도 마찬가지다. 사람이 별로 없는 모퉁이가 어디든 있다. 그곳을 찾아서 재빨리 배터리를 충전하자. '잘 보이는 곳에 숨는' 방법이다. 이는 감당할 수 있을 정도로 사회활동을 하면서 동시에 개방된 사회적 공간에 남아 있는 방법이다. 과도하게 어딘가로 숨어 들어가지 않으면서도 자신을 되찾을 수 있다. 당신이 찾아낸 사회적 공간이 개방된 은신처가 될 수 있다. 이런 곳을 찾으려고 약간의 노력과 에너지를 들이는 것은 전적으로 개인의 의지에 달렸다.

흥미를 공유하라

내향적인 성격으로 친구는 어떻게 사귈까? 그저 피상적인 인간관계를 위한 만남은 상당히 힘들고 진짜 하고 싶지 않은 일이다. 흥미나 관심사를 최우선으로 여겨보자. 주요 목표를 그림 실력 향상시키기 또는 야구 배우기 등으로 잡고, 사람을 만나거나 새로운 친구를 사귀는 일을 부차적인 목표로 삼는다. 사회성을 요구하는 취미를 가진다면 더욱 좋다. 그러면 흥미를 충족시킬 수 있을뿐더러 주변에 사람도 더 많이 생기기 때문이다.

새로운 사람을 만나기 위해 파티를 가는 대신 조기축구회에 가입해 함께 땀을 흘리면서 동료들과 어울려보자. 그저 인간관계를 위한 만남이 아니므로 모두와 어울려 쉬거나 수다를 떨어야 한다는 부담감을 느끼지 않아도 된다. 다음 중 무엇이 더 흥미롭게 들리는가? 하나는 아는 사람이 아무도 없지만 친구가 주최하는 파티에 가는 것, 다른 하나는 운동장에서 축구를 하는 것. 다른 사람과 흥미를 공유할 때 우정이 싹트는 법이다. 자신의 관심사를 끌어안고 발전시키는 것이 내향적인 사람이 친구를 만드는 가장 좋은 방법이다.

파티 시뮬레이션

행사나 약속 장소에 가기 전에 무슨 일이 있을지 예상하고 준비해보자. 여러 가지 질문을 통해서 알 수 있는데, 대다수의 질문이 참석해야 하는 행사가 얼마나 진을 빼는 일인지 파악하는 용도로 구성되어야 한다. 어떤 행사에 참석하기 전에 스무고개를 해두면 실전에서 한층 더 즐거울 수 있다. 도착한 지 20분 만에 도망치고 싶지 않다면 이런 질문들을 잘 활용해보자.

친구가 내게 '조촐한 파티'에 초대하겠다고 말했는데, 막상 가보니 내가 전혀 모르는 40명이 참석하는 대규모 파티였다고 해보자. 나는 미리 정보를 파악하지 못한 자신에게 화가 날 거고 그 자리에 있는 것이 얼마나 득이 되는지 계산해보려고 할 것이다. 모임에서 어느 정도로 배려심을 발휘할 수 있는지는 자기 하기에 달렸다. 최대한 많은 정보를 얻어서 정말로 가고 싶은지, 감당할 수 있고 즐길 만한 행사인지 파악해야 한다. 자신의 사회적 숙명을 어느 정도는 제어하면서 살고 싶지 않은가? 스무 고개 목록에는 다음 질문을 포함시키기 바란다.

- 언제 시작해서 언제 끝나는가?
- 누가 가는가?
- 몇 명이나 참석하는가?
- 내가 아는 사람이 있는가?
- 취지가 무엇인가?
- 어디서 열리는가?
- 가서 다른 할 일이 있는가?

이 질문에 답하다 보면 그날 저녁을 위해 자신의 속도를 조절하거나 가지 않는다는 선택을 할 수 있다.

일대일 소통하기

단체 대화는 내향적인 사람에게는 아주 피곤한 활동이

다. 한편으로는 큰 수고를 들일 필요 없이 대화에 참여할 수 있기에 부담이 적을 수도 있다. 그냥 대화에 가만히 끼어 있기만 하면 되니까. 그저 한두 마디 대답을 하거나 누군가 농담을 할 때 따라 웃으면 된다. 그러나 다른 한편으로 단체 대화는 여러 사람에게 동시에 반응하고 관여해야 하기에 지칠 수 있다. 이런 대화는 항상 뻔하고 그저 그런 주제를 다루기에 깊이가 없어서 쓸모없다고 느껴진다. 흥미를 느낄 만한 부분이 부족한 것이다.

이 문제를 해결하려면 파티라고 할지라도 사람과 일대일로 대화하는 것이 중요하다. 단체 대화에서 빠져나와 주변을 살피자. 혼자 걷거나 당신처럼 지루해하고 지쳐 있는 사람을 찾아보자. 그 와중에 당신을 만나서 진짜 다행이라고 생각하는 다른 내향적인 사람을 발견할 수도 있다.

한 사람과 소통하게 되면 그다음 단계는 서로 대화를 나누되 그것이 단체 대화로 이어지지 않도록 하는 것이다. 그저 파티장 가장자리나 조용한 곳으로 상대를 데리고 가서 그의 이야기를 들어주면 된다. 아니면 그냥 "저

기요, 여기 앉아서 대화해요"라고 말해도 된다. 한 번에 한두 사람하고만 소통하도록 위치를 잡으면 다른 사람과 관계를 구축하는 데 더욱 효과적이다. 작은 테이블이나 소파 또는 좁은 복도에 서 있는 것도 좋은 방법이다. 그러면 괜히 위축될 염려가 없고 다른 사람과 더 깊이 소통할 기회도 얻을 수 있다.

조용한 반응

머리 대신 얼굴 근육을 활용해 사회적 배터리의 부담을 덜어주는 기법이다. 다른 사람과 대화할 때는 반응을 보이는 것이 아주 중요하다. 적절한 반응을 보이지 않는 대화는 모 아니면 도다. 영화의 사운드 트랙처럼 적절하게 흘러갈 수도 있고, 그렇지 못하다면 벽을 보고 대화하는 것과 같다. 후자의 경우 상대의 귀가 쫑긋하는 것을 전혀 보지 못하고 어떤 영향도 미치지 못한다.

반응은 누군가가 한 말을 듣고 생각하고 있다는 것을 가장 잘 알려주는 중요한 요소다. 문제는 사람들 대부분이 말로 반응을 보이고 가끔은 질문으로 반응하기도 한다는 것이다. 이건 지치는 일이고 사회적 배터리를 닳게 하는 행위다. 조용한 반응을 보이는 습관을 들여 몸짓과 표정으로 말해보자. 입을 뻥끗할 수 없는 상태라고 가정하고, 말이 아닌 방식으로만 반응할 수 있다고 할 때 어떻게 해야 할지 연습해보는 것이다.

조용하든 그렇지 않든 반응을 하는 목표는 상대의 말을 경청하고 있음을 알리는 데 있다. 다른 사람이 전달하고자 하는 중요한 감정을 자신도 그대로 보여주는 것이 가장 효과적이다. 누군가가 교통사고를 당해 차가 부서졌다는 이야기를 한다면 슬픔과 근심 어린 표정을 보여준다. 누군가가 시골뜨기에게 호되게 당했다는 이야기를 하면 놀라움과 믿기지 않는다는 표정을 보여준다. 사람들이 들려주는 이야기에 반응해야 하는 감정은 실제로 그리 많지 않다. 보통은 놀람, 충격, 웃음, 슬픔, 환희, 흥분 등이며 대개는 이것들이 조금씩 섞여 있다.

눈썹을 치켜뜨거나 손사래를 치는 것이 말로 반응하는 것보다 좀 더 쉽고 효과도 크다. 이런 동작을 하는 건 사실 매우 쉬워서 즉흥적으로 대화에 더 참여할 수 있고, 그래서 더 오래 소통할 수 있다.

내가 '비언어 인식 acknowledging non-words'이라고 부르는 행동을 통해 한 단계 더 나가보자. 예를 들어, '흠' 또는 '음' 하고 소리를 내뱉으면서 목소리 톤을 높이거나 낮추고 길이나 억양을 조절하는 것이다. 단순한 소리를 약간 길게 끌 수 있고 문장을 바꿀 수도 있다. 이런 비언어가 질문, 대답 또는 의견이 될 수 있다. 예를 들어, "망고를 좋아하세요?"라는 질문에 "음"이라고 무시하는 톤으로 말하면 확실한 '아니요'가 된다. 이를 좀 더 길게 끌면서 "으음……"이라고 하면 "뭐, 가끔은……"이라는 대답이 된다. 그저 특정 톤으로 목젖을 울리는 행위이고, 여기에 눈동자로 감정을 더하면 문장을 대신할 수 있기에 사회적 배터리가 닳는 것을 막는 데 도움이 된다.

물론 지금까지 소개한 대다수의 조언이 내향적인 사람을 위한 것이 맞다. 하지만 외향적인 사람이라고 해서 사회생활에 도움이 필요하지 않은 것은 아니다. 외향적인 사람은 남과 어울리는 것을 즐기는 쪽이고, 내향적인 사람은 편하게 머릿속에 갇혀 있지 말고 탈출해야 하는 쪽이다. 어떤 식이든 간에 자신의 본모습을 버리지 않고 사회생활을 제대로 하는 비결이 있기 마련이다.

  이 책에서 알려준 많은 교훈 중 하나가 스스로를 있는 그대로 받아들이라는 점인데, 이 충고가 제대로 전해졌길 바란다. 우리는 모두 기본적으로 바꿀 수 없는 고유한 본성을 가지고 태어난 존재이기 때문이다.

마치며

우리는 모두 유일하다

우리는 지금까지 성격 유형에 대해 살펴봤다. 각각의 차이가 특유의 행동을 두드러지게 하지만 일부는 정반대여서 선입견을 버리는 데 도움이 됐을 것이다.

살펴본 내용 중에서 반드시 기억해야 할 한 가지를 꼽는다면, 외향성과 내향성은 단순히 누가 말을 더 많이 하느냐로 갈리는 것이 아니라는 점이다. 뇌의 화학작용과 구조의 차이에 관해서 이미 살펴봤고, 어떤 성격 유형이 사랑과 연애에 더 적합한지까지 알아봤다. 사람을 성격 유형이라는 틀에 놓고 살필 때는 여러 가지 소소한 차이가 있고, 생각조차 해보지 못한 반직관적인 측면도 있음을 고려해야 한다. 이제 우리의 목표는 각자의 고유한 성격을 좀 더 깊이 살피는 것이다. 적어도 인간의 행동이 얼마나 복잡하고, 잠재의식의 영향을 얼마나 강하게 받는지, 성격 스펙트럼이 얼마나 넓은지 알아야 한다.

내향성, 외향성 그리고 그 중간에 있는 양향성이라는 성격의 과학이 우리에게 알려주는 것은 정확히 무엇일까? 우리는 특정한 방식으로 태어났을지도 모르며 그래도 괜찮다는 것이다. 생물학적인 차이는 실제로 우리를 여러 유형으로 분류되게 했고, 각 유형은 저마다 장점과 단점을 지니고 있다. 혹시 이 같은 구분으로 위축됐다면 그저 인식의 문제일 뿐이라고 가볍게 여기길 바란다. 태어난 모습이 개인의 가치를 결정하지는 않으니 말이다.

타고난 성향을 어찌할 순 없다. 그렇지만 자신만의 고유한 패턴을 이해하고 제대로 설명할 수 있다면, 우리는 모두 있는 그대로 외부의 변화가 가져다주는 것보다 더 행복하고 만족스러운 삶을 누릴 수 있을 것이다.

옮긴이 공민희
부산외국어대학교에서 국어국문학을 전공하고 영국 노팅엄트렌트대학교 석사 과정에서 미술관과 박물관, 문화유산 관리를 공부했다. 번역 에이전시 엔터스코리아에서 출판기획자 및 전문번역가로 활동 중이다. 옮긴 책으로는 『행복해지기 위해 버려야 할 것들』, 『혼자의 힘으로 가라』, 『역사상 가장 영향력 있는 고양이 100』, 『인권이란 무엇인가』 등 다수가 있다.

너무 쉽게 소모되는 내향인을 위한 심리 수업

혼자 있고 싶은데 외로운 건 싫어

초판 1쇄 발행 2018년 3월 14일
개정판 1쇄 발행 2025년 4월 16일

지은이 피터 홀린스
옮긴이 공민희
펴낸이 김선준

책임편집 문주영 **편집2팀** 배윤주 **외주교정** 공순례
디자인 김예은 **일러스트** 리무
마케팅팀 권두리, 이진규, 신동빈
홍보팀 조아란, 장태수, 이은정, 권희, 박미정, 조문정, 이건희, 박지훈, 송수연, 김수빈
경영관리팀 송현주, 윤이경, 정수연

펴낸곳 (주)콘텐츠그룹 포레스트 **출판등록** 2021년 4월 16일 제2021-000079호
주소 서울시 영등포구 여의대로 108 파크원타워1 28층
전화 02) 332-5855 **팩스** 070) 4170-4865
홈페이지 www.forestbooks.co.kr
종이 (주)월드페이퍼 **출력·인쇄·후가공·제본** 한영문화사
ISBN 979-11-94530-28-2 (03180)

- 책값은 뒤표지에 있습니다.
- 파본은 구입하신 서점에서 교환해드립니다.
- 이 책은 저작권법에 의하여 보호를 받는 저작물이므로 무단 전재와 복제를 금합니다.

㈜콘텐츠그룹 포레스트는 독자 여러분의 책에 관한 아이디어와 원고 투고를 기다리고 있습니다. 책 출간을 원하시는 분은 이메일 writer@forestbooks.co.kr로 간단한 개요와 취지, 연락처 등을 보내주세요. '독자의 꿈이 이뤄지는 숲, 포레스트북스'에서 작가의 꿈을 이루세요.